共産主義批判の常識

日本共産党 志位委員長
守護霊に直撃インタビュー

大川隆法
Ryuho Okawa

本霊言は、2013年7月16日(写真上・下)、幸福の科学総合本部にて、
質問者との対話形式で公開収録された。

まえがき

本書は、きわめてわかり易い、「共産主義とは何か」「共産党とは何か」の入門書になっていると思う。

現在の日本の政治情況を考えるに、憲法改正反対（特に九条）、原発再稼動《げんぱつさいかどう》反対、TPP反対、大企業支援反対、対中韓友好促進の論陣をマスコミが張ろうとすれば、日本共産党志位委員長を押し立てるか、社民党の福島瑞穂《みずほ》党首を宣伝するかして、責任をお振り替《ふか》えして、自分たちの主張を貫こうとするだろう。

共産主義の創始者マルクスは、「宗教はアヘンである」と言っている。要するに、神仏を信じたり、あの世や霊を信じている人々は麻薬《まやく》中毒患者だということだ。こう考えれば、日本のマスコミが極めて宗教政党に非協力的で、黙殺、排除しようとする傾向を持つ理由がよく判るだろう。共産主義の本質は「平和」ではない。物である人間が党の役に立たねば圧殺していく、「専制政治」であり、反対者を収容所に放り込んでいく「全体主義」である。

中国軍と日本共産党軍に殺される前に、ぜひ一読をすすめたい。

二〇一三年　七月十七日

幸福《こうふく》の科学《かがく》グループ創始者兼総裁《そうししゃけんそうさい》　大川隆法《おおかわりゅうほう》

共産主義批判の常識　目次

共産主義批判の常識

――日本共産党　志位《しい》委員長守護霊《しゅごれい》に直撃《ちょくげき》インタビュー――

二〇一三年七月十六日　収録
東京都・幸福の科学　総合本部にて

4 「自衛隊」から「日本共産党軍」へ 90

8 「日本のレーニン」としての決意　199

「霊言現象《れいげんげんしょう》」とは、あの世の霊存在の言葉を語り下ろす現象のことをいう。これは高度な悟《さと》りを開いた者に特有のものであり、「霊媒現象《れいばいげんしょう》」（トランス状態になって意識を失い、霊が一方的にしゃべる現象）とは異なる。外国人霊の霊言の場合には、霊言現象を行う者の言語中枢《ちゅうすう》から、必要な言葉を選び出し、日本語で語ることも可能である。

また、人間の魂《たましい》は原則として六人のグループからなり、あの世に残っている「魂の兄弟」の一人が守護霊《しゅごれい》を務めている。つまり、守護霊は、実は自分自身の魂の一部である。したがって、「守護霊の霊言」とは、いわば本人の潜在《せんざい》意識にアクセスしたものであり、その内容は、その人が潜在意識で考えていること（本心）と考えてよい。

なお、「霊言」は、あくまでも霊人の意見であり、幸福の科学グループとしての見解と矛盾《むじゅん》する内容を含《ふく》む場合がある点、付記しておきたい。

共産主義批判の常識

――日本共産党 志位《しい》委員長守護霊《しゅごれい》に直撃《ちょくげき》インタビュー――

二〇一三年七月十六日 収録
東京都・幸福の科学 総合本部にて

志位和夫《しいかずお》（一九五四～）

政治家（衆議院議員）、日本共産党委員長。千葉県生まれ。東京大学工学部物理工学科卒（一九七九年）。「両親とも教員で日本共産党員」という家庭で育つ。一九七三年、大学一年のときに日本共産党に入党、卒業後は党の東京都委員会に就職し、その後《ご》、党の中央委員会で勤務する。一九九〇年、国会に議席をもたないまま党の書記局長に就任したが、一九九三年、衆院選に出馬して初当選を果たした。二〇〇〇年以降、党の委員長を務めている。

質問者　※質問順

小林早賢《こばやしそうけん》（幸福の科学広報・危機管理担当副理事長）
綾織次郎《あやおりじろう》（幸福の科学上級理事 兼《けん》「ザ・リバティ」編集長）
高間智生《たかまともお》（幸福の科学メディア文化事業局部長）

［役職は収録時点のもの］

1 「共産党の問題点」をあぶり出す

志位和夫《しいかずお》委員長の「本音」を、守護霊霊言《しゅごれいれいげん》で聴《き》く

大川隆法　先般《せんぱん》（二〇一三年七月八日）、社民党の福島瑞穂《ふくしまみずほ》党首に守護霊《しゅごれい》インタビューを行い、『そして誰《だれ》もいなくなった』（幸福の科学出版刊）という本を出しました。

ご本人に対して失礼であったかどうかは分からないのですが、「お一人だけでは、やはり気の毒かな。〝お友達〟を一人ぐらい出さないと、さすがにかわいそうだ」と思ったので、「共産党も、ついでに調べてみよう」という気がしてきました。

新聞等によると、今回の参院選で、安倍《あべ》自民党と公明党は大躍進《だいやくしん》するそうですが、その対極にある共産党も、思わぬ収穫《しゅうかく》を得て、かなり議席が増え、「三倍ぐらいになるのではないか」などと言われています。そして、「その中間にある政党には、あまり票が入らない」という感じの分析《ぶんせき》が出ているようです。

そういうことなので、おそらく、共産党の志位《しい》委員長（守護霊）は、まもなく、ご満悦《まんえつ》で出てこられるでしょう。

自民党政権を批判したい気持ちは、マスコミや一般の人にはあるかもしれません。しかし、その〝代用品〟として、共産党をあまり使いすぎると、やはり副作用が出てくるおそれがあるので、共産党や共産主義の本質について、おさらいをしておいたほうがよいと考えます。

ただ、マルクスの『共産党宣言』から数えると、それには、もう百五十年以上の歴史があり、その全体について批判をするのは、さすがに大変ではあるので、〝手足〟の一本一本を対象にしながら批判していくのがよろしいでしょう。

前回は、共産党の少し手前ぐらいである、社会民主主義的なリベラル（社民党）の批判をしてみたのですが、今回の対象は共産党です。

志位委員長は、「日本共産党は旧ソ連の共産党とも中国の共産党とも違《ちが》う」と言っているので、その守護霊を呼んで「本音」を聴《き》きたいと思います。

共産党が統治の側に回ったら、どうなるか

大川隆法　共産党の理論的批判は鋭《するど》いので、それを聴いていると、おそらく胸がスカッとするでしょう。テレビでも新聞でもそうですが、共産党は、政権に対して、ズバッと理論的に批判できているため、それを聴いてスッキリする人がいるのだと思います。その清涼感《せいりょうかん》については私も理解できます。

ただ、共産党は、「自分たちが統治の側に回ったら、どうなるか」ということを考えていないでしょう。それは間違いありません。

民主党は、政府を批判する側から統治の側に回ったら、ボロボロになりました。

また、以前、社会党連立政権（自・社・さ）において、総理大臣の立場に社会党の村山富市《むらやまとみいち》委員長を据《す》えたところ、結局、党是《とうぜ》を大幅《おおはば》に変更《へんこう》しなければ、この国の舵取《かじと》りができず、結局、社会党そのものがボロボロになりました。変な〝兵法〟でしたが、村山さんが総理大臣になって、社会党は壊滅《かいめつ》してしまったのです。

したがって、今回の参院選で共産党が勝つことにより、共産党自体が内部に抱《かか》えて

いる問題点や副作用の部分が、クローズアップされてくることもありうるでしょう。共産主義に依拠《いきょ》して現政権を批判していると、だんだん、自分たちのほうにボロが出てくることもあるのではないでしょうか。

共産党は、「批判者」としては鋭いのですが、「批判される側」をあまり経験していないと思います。「共産党が体制側に入ることは、まずないだろう。だから、批判してもしかたがない」と思われているので、まともに批判されていないのです。批判する側には慣れているでしょうが、ある意味では、まともに批判されるのは今回が初めてかもしれません。

志位委員長は、鳩山《はとやま》・菅《かん》の両氏と同じく「理系頭」

大川隆法　志位和夫さんは東大工学部物理工学科卒で、現在、五十八歳《さい》です。福島瑞穂さんもそうでしたが、私とは年齢《ねんれい》が近く、彼とは、おそらく大学で三年間ぐらいは重なっているのではないでしょうか。

「初代の委員長である故・宮本顕治《みやもとけんじ》氏の息子《むすこ》の家庭教師をしていた」という説もあ

るので、共産党幹部から早めに目を付けられた人なのだと思われます。

学問的には、鳩山由紀夫《はとやまゆきお》さんと近いあたりにいるのではないでしょうか。

志位さんの頭は、もちろん、「理系頭」であり、理論的なのでしょうが、こういう人の場合、「ずっと筋を通していった結果、最後には、どうなるか」が問題になります。

鳩山さんも、頭が悪いわけではないのだろうと思いますが、「この考えで押《お》していったら、結局、最後には、どうなるか」ということが見えていません。

このあたりのところに、「文系頭」との違いがあります。

「文系頭」の人には、不徹底《ふてってい》なように見えながら、実は、いろいろと利害の調整をするところがあるのですが、それが、理系的な頭の人から見ると、非常に不徹底で、頭が悪いように見えたりするのです。

民主党政権で総理大臣を務めた鳩山さんと菅《かん》さんは理系出身でした。二人とも理系的には頭がよいのでしょうが、政治の世界では、実は、「理論的に徹底すると、うまくいかない」ということもありうるのです。そのへんのところを、最近、国民は民主党政権を通じて見たわけです。

今、共産主義を検証しておく必要がある

大川隆法　共産党が日本で政権を取ることはないでしょうが、ある程度、発言権が強くなり、政局を左右するようなことがあるかもしれません。

また、もう一つ、公明党も、自民党と連立中なので、意外にイニシアチブ（主導権）を取る可能性を持っていますが、こちらのほうにも、中国共産党からの影響《えいきょう》は、そうとうあると思われます。

そのため、今回の選挙結果によっては、中国が、日本共産党と公明党とのダブルインパクトで、両側から日本を操作に入ってくるかもしれません。野党側と与党《よとう》側の両方から攻《せ》めてくる可能性があるのです。

その意味では、理屈《りくつ》の上から共産主義を検証しておく必要があるでしょう。

共産党のことをよく知らないまま、「今の政治は気に食わないので、与党を批判する意味で、日本共産党に票を入れました」という人も多いと思うのですが、「共産党や共産主義の実態は、こういうものだ」ということを、マスコミにも国民にも再確認

していただき、勉強してもらったほうがよいと思います。

そういう意味で、今回は、「共産主義批判の常識」という題を付けました。

今回の内容には、マスコミの常識にかなり近いものもあるかもしれません。

参院選以降の言論における貴重な参考資料にしたい

大川隆法　マスコミ的には、政治家の本音を探《さぐ》り出せればスクープになります。政治家の本音は、マスコミにとって、実は、いちばん知りたいことでもあるでしょう。

ただ、政治家に取材をしても、簡単には本音を語ってくれません。そこで、一つの手としてあるのが、「不意打ちのようなかたちで質問し、本音を語らせる」ということです。

「ぶら下がり取材」などの際にパッと訊《き》かれたり、朝、家を出るときや、夜、帰りがけにパッと訊かれたりすると、用意ができていないため、本音をポロッと語ってしまうことがあります。そして、その一言《ひとこと》が命取りになることも、ずいぶん多いのです。

その意味で、政治家の本音を取材することは、マスコミ人にとって、非常に大事というか、本当にやりたいことの一つなのではないでしょうか。

一方、「守護霊霊言」は、ほぼ全編が本音なので、これには、マスコミ的に見ても、たいへん貴重な資料価値があるはずです。

参院選以降、共産党は、いろいろな意見を言うようになるでしょうし、それに乗っかった言論も、いろいろと出てくるでしょう。それらの考えを批判するに当たっては、今日の内容を本にしたものが貴重な参考資料になると思います。

私の体に、志位さんの守護霊が本当に入るかどうか、まだ分かりません。「左」の系統の人の守護霊には、自分を守護霊だと認識していない人が多いので、本当に入るかどうか、よく分からないのです。

また、うまく守護霊が入って、語らせることができても、私の〝役柄《やくがら》〟は、あまりよくありません。ただ、私の弟子《でし》たちにとっては、いちおう、いずれ来るディベートのための練習にもなると思います。

もし、テレビ番組に、まもなく、幸福実現党も公党として参加できるようになり、他《た》の野党とディベートをすることがあったら、今日は、そのディベートの教材になる部分が、おそらく出てくると思うので、今回の内容は「政治学のディベートテキスト」の一つになるでしょう。

ただ、まことに申し訳ないのですが、当会の立場とは反対側の霊人であっても、私に入れると、その霊人がパワーを増すことがあります。そのため、守護霊が、地上の本人よりも力があるというか、頭がよく見える場合も生じるので、質問者にとっては、やや不利ではあるのですが、「スパーリングだ」と思って練習していただくほかありません。

「このように言ってくるのか」「このように切り返してくるのか」ということを、一回、体験しておくと、本番で、そういうことがあっても、対応できます。今後、選挙などの際に、テレビ等の公開の場で討論したりするときにも、だいたい要領が分かってくるので、今回は貴重な材料になるのではないかと思います。

志位共産党委員長の本心がどういうものか、私は知りません。あの世や霊を信じていないかもしれませんが、信じていないなりに、向こうは、けっこう、当会の本を読んでいるかもしれません。ただ、読んでも内容を信じないから、別に勉強にはならないのでしょう。その意味では、今回の収録によって、「当会のほうだけが、先方の手の内が分かる」というかたちになると思います。

志位さんの守護霊が、私の呼び掛《か》けに応《こた》えてズバッと出てくるかどうか、分かりません。彼の守護霊とは、普段《ふだん》、付き合いがないので、どうなるか、よく分からないのですが（笑）、とりあえず、呼んでみますね。

志位さんは純粋《じゅんすい》に「共産党一本」の方です。大学を出て以降、共産党のなかで出世してきて、衆議院議員に当選し、現在は委員長です。

今、志位さんが言っていることは、「暮らしと景気をよくしてほしい」「原発ゼロ」「憲法を生かす」ということあたりです。「反増税」「反原発」「反TPP」というかたちで、現政府の政策に反対している側の意見を、だいたい揃《そろ》えているようなので、今回は、それらに関する論点整理にもなるのではないかと思います。

今回の参院選以降も、安倍さんの政権が続く予定ではあるのですが、安倍政権に対しては、野党側からの批判が続くでしょう。「国会における論戦が、これから、少なくとも一年以上、どのような感じになるのか」ということは、今日の内容によって、予想がつくのではないかと思われます。

幸福実現党の考え方は、自民党のなかでは、安倍さんあたりの意見にかなり近いでしょうから、今日、それを志位さんの守護霊にぶつけた場合、「今回の選挙後、野党側からの安倍政権批判がどうなるか」ということが、見えてくるのではないでしょうか。

日本共産党、志位和夫委員長の守護霊を招霊《しょうれい》する

大川隆法　志位さんの守護霊が出てこないで、志位さんに憑《つ》いている憑依霊などが出てくる場合も、ないとは言えません。「守護霊を名乗る憑依霊《ひょういれい》」が出てくることも十分にありうるのですが、十年も二十年も憑いていたら、〝守護霊〟と認めてもよいかもしれません。本人をよく熟知しているようであれば、しかたがないので、その霊が代わりに話すことになると思います。

それでは、呼んでみます。

（合掌《がっしょう》し、瞑目《めいもく》する）

日本共産党のリーダーであります、志位和夫委員長の守護霊を、幸福の科学総合本部にお呼びいたしまして、その本心をインタビューしたいと思います。

参院選で大躍進が予想されております、日本共産党の志位和夫委員長の守護霊よ。どうぞ、幸福の科学総合本部に降りたまいて、その本心を語りたまえ。

志位和夫委員長の守護霊よ。

どうぞ、幸福の科学総合本部に降りたまいて、その本心を明らかにしたまえ。

現政権への批判の心、社会に対する考え方、私ども幸福の科学や幸福実現党に対する考え等、何でも結構でございますので、世の中を啓蒙《けいもう》すべき、何らかのお言葉を賜《たまわ》れれば幸いです。

志位委員長の守護霊、流れ入《い》る、流れ入る、流れ入る、流れ入る。

志位委員長の守護霊、流れ入る、流れ入る、流れ入る。

（約二十五秒間の沈黙《ちんもく》）

2 共産主義の「先達《せんだつ》」への思い

「守護霊」は共産党の綱領《こうりょう》に載《の》っていないので、「理解できない」

志位和夫守護霊　うーん、うん……。うーん……。

小林　こんにちは。

志位和夫守護霊　うーん……、うーん……、ううーん……。

小林　日本共産党の志位委員長でいらっしゃいますか。

志位和夫守護霊　ん？　うーん……。今はねえ、追い込《こ》みにねえ、忙《いそが》しいんだが……。

小林　お忙しいところ、まことにありがとうございます。

志位和夫守護霊　うーん……。

小林　この場で守護霊様とお呼びして、よろしいでしょうか。

志位和夫守護霊　ん?

小林　志位委員長の守護霊様とお呼びして、よろしいでしょうか。

志位和夫守護霊　そういう迷信は言うべきでないね。科学的でない。

小林　それは、「表現としては言うべきでない」ということですか。

志位和夫守護霊　うーん？

小林　つまり、「自覚はあるけれども、言葉にするべきではない」ということをおっしゃっているのですか。

志位和夫守護霊　そんなもの、共産党の綱領《こうりょう》のどこにも「守護霊」なんていう言葉はない。マルクスも説いてない。

小林　ええ。いちおう、「守護霊としての認識はお持ちだ」と理解してよろしいですね。

志位和夫守護霊　うーん、まあ、「宗教を信ずる者は、そういう言葉を使うことはありえる」ということは知っている。ただ、共産党の〝教義〟のなかにはない。

小林　今、ご本人は、どこかで街宣をされていると思うんですけれども、そこの肉体と、今、ここの、東京の五反田《ごたんだ》（幸福の科学総合本部）にいらっしゃるあなたとは、別の場所にいらっしゃるわけです。そのことは、統一的に、矛盾《むじゅん》なく理解していらっしゃるわけですね？

志位和夫守護霊　困るんだよねえ。何だか、困るんだけどねえ。うーん……。（舌打ち）これは何だ？　もう初めてだからさあ。こんな経験は初めてなので、ちょっと、よく分からないんだ。どういう仕組みかは、ちょっと分からないんだ。

小林　分かりました。どうも、「ある程度は、ご理解されているらしい」というのは分かりましたので……。

志位和夫守護霊　ん？　まあ、日本的には、何となく分からないことはない。日本的にはな。

ただ、純粋《じゅんすい》に、理論的に、共産主義の〝教義〟から言えば、理解はできない。

小林　はい。たいへんありがとうございます。今日、「理論的、教義的に議論をさせていただける」というのは、われわれにとって、非常に重要な点ですので、ぜひ、その点について、議論に入らせていただきたいと思います。

志位和夫守護霊　ううーん……。

「公明党を倒《たお》して第二党、三年後は総理に！」という意気込《いきご》み

小林　今日、お呼びさせていただいた趣旨《しゅし》は、今、参議院選の投票日が近づいておりますが……。

志位和夫守護霊　うーん。大勝利だよ。大勝利だ。

小林　まあ、一部の世論《よろん》調査等によればですね。

志位和夫守護霊　大勝利だよ。

小林　一説によれば、改選部分だけですけれども、「三議席が三倍ぐらいになるかどうか」という予想が出ております。

志位和夫守護霊　これをきっかけにねえ、次は公明党をぶっ倒《たお》して、もう第二党まで行くからね。うんうん。

小林　今の、その「きっかけ」とか、「ぶっ倒す」とかいう言葉の真意に関しては、後ほど、細かくお訊《き》きしたいと思います。

志位和夫守護霊　ああ。君は何？　ＮＨＫか？　うーん？　ここはどこ？　ここは、いったい、どこなんだ？

小林　失礼いたしました。幸福の科学の総合本部にお呼びいたしまして……。

志位和夫守護霊　幸福の科学に？

小林　はい。

志位和夫守護霊　そういう科学はないんだよ。科学的社会主義ならあるが。

小林　「どちらの科学のほうが、人々を幸福にするか」という競争ですね。

志位和夫守護霊　ふーん？

小林　今、それをしていると思いますので、志位委員長の守護霊を幸福の科学の総合本部にお呼びして、直撃《ちょくげき》インタビューをさせていただきたいと。

志位和夫守護霊　そんな資格が君たちに……。あっ、まだ総理大臣になってないからしかたがないか。まあ、我慢《がまん》するか。総理大臣になったら、君たちの取材なんか受ける気ないからね。今なら、まあ、しかたがない。

小林　先ほどおっしゃっていましたように、もしかしたら、議席をだいぶ増やされて……。

志位和夫守護霊　そうだね。ものすごく増えていくような気がしてしょうがない。

小林　それで、選挙後に影響《えいきょう》力を増して、いろいろなところへの……。

志位和夫守護霊　うん。だから、三年後は総理かもしらん。

小林　あっ、そのくらいの自己認識ですね？

志位和夫守護霊　うん。今回は勝って、三年後は大大勝利だ。

小林　分かりました。そういうことであれば、なおさらです。今日のテーマは、「共産主義批判の常識」というものです。

志位和夫守護霊　え？　「共産主義評判の常識」なんじゃないの？

小林　「批判の常識」です。「『共産主義をどう批判したらいいか』という常識が分かるテキストをつくりましょう」というのが、今日の趣旨《しゅし》なのですけれども、つまり、もし本当に総理大臣をなされるぐらいのお気持ちであれば……。

志位和夫守護霊　もちろん、三年後は、狙《ねら》ってますよ。

小林　当然、「どういう考え方に基《もと》づいて、何をされようとしているのか」ということを、国民にディスクロージャー（情報開示）するのは義務だと思います。

志位和夫守護霊　だからねえ、君たちみたいなインチキ宗教と違《ちが》ってさあ、本当に国民を幸福にしようとする政党だからね。

日本共産党は「羊の皮をかぶった狼《おおかみ》」なのか

小林　そのインチキ云々《うんぬん》のところに関して、最初に、一点、ご質問させていただきたいと思います。

実は、昨日、中日新聞の小出《こいで》社長の守護霊をお呼びしました（『「中日新聞」偏向《へんこう》報道の霊的《れいてき》原因を探《さぐ》る――小出宣昭《のぶあき》社長のスピリチュアル診断《しんだん》――』〔幸福の科学出版刊〕参照）。

志位和夫守護霊　ふーん……。なんかけしからんことを、チラッと言ったんでないか？

小林　ええ。いろいろと非常に面白《おもしろ》いやり取りをさせていただいたのですが、そのなかで、非常にユニークなコメントを、一点、頂いたのです。

志位和夫守護霊　うーん。

小林　それは何かと言いますと、たまたま、「日本共産党について、どう思われますか」という質問をしたところ、事実上のマルキストと思われる小出社長の守護霊が、

「けしからん。大嘘《おおうそ》つきである。ああいうことを許しておいてはいけない。私の最大の批判対象の一つは、実は、日本共産党なんだ」とおっしゃっていたんですね。

志位和夫守護霊　うーん……。ヘッヘッヘッヘッ……。ハッハッハッハッハッハッ……。

小林　その理由は、要するに、「みな、『羊の皮をかぶった狼《おおかみ》である』ということを知っている」と。

志位和夫守護霊　ナッハッハッハッハッ。よっく言うよ。

小林　また、「マスコミの人間は、みな、『考えていることから行動計画まで、実は、事実上、中国の共産党と同じだ』ということも知っている」と。

志位和夫守護霊　そんなことはない。そーんなことはない。

小林　にもかかわらず、「ああいう嘘をつき続けるのは、公党の人間としてけしからん」と。

志位和夫守護霊　私がトップなんだから、私の言っていることが本当のことですよ。そんな偉《えら》そうな新聞社がぁ……。

小林　そのことに関して、最初にご質問したいのです。いかがでしょうか。

志位和夫守護霊　「そんな田舎《いなか》の芋侍《いもざむらい》みたいな新聞社が、公党に対して、そんな批判をする」っていうのはね、もう百年早いんですよ。いやあ、百五十年早いんですよ。だから、マルクス・レーニン主義なんて言ったたって、そんなもん、嘘で、かたちだけで、政府の批判を書くために、ちょっとかじった程度であって、ろくにやってないんですよ。私らは本格派ですからね。

「マルクス・レーニン・毛沢東《もうたくとう》」に対する評価

小林　では、本格派の志位さんにお訊きします。

志位和夫守護霊　え？　ああ。

小林　志位さん個人の信条として、マルクスについては、どう思われますか。

志位和夫守護霊　マルクス？

小林　はい。

志位和夫守護霊　うーん。まあ、ちょっと古くなったからねえ。江戸《えど》時代ぐらいの人だろうから、そりゃあ、時代的な限界は、当然あろうけどね。

「関孝和《せきたかかず》（江戸《えど》時代の数学者）が日本でいくら天才だったから」と言ったって、あなた、現代では志位和夫の頭脳には勝てませんよ。そりゃあねえ、数学・物理をやったら、絶対、私のほうが上ですよねえ。

小林　ああ……（苦笑）。

志位和夫守護霊　そういう意味で、マルクスといえども時代的限界はあるわね。

小林　理系の物理学の話は、今日のテーマでございませんのでね。では、マルクスの件は、後ほど、また、お訊きしますけれども、レーニンに関しては、どのようにお考えですか。

志位和夫守護霊　レーニンねえ。ソ連が滅《ほろ》びたから、レーニン像が壊《こわ》れていくようなところなんかは、そらあ、若干《じゃっかん》、さみしいものはあったが、時代性があるからねえ。

まあ、レーニンの時代にもいいときもあった。旧体制を滅ぼしたところは、すごかったと思うけども、時代が過ぎていったからね。「現代では、レーニンも、そんなには効き目はない」っていうところはあるかもしらんなあ。

小林　そうですか。

志位和夫守護霊　うん。

小林　毛沢東《もうたくとう》に関してはいかがでしょうか。

志位和夫守護霊　毛沢東は、そうだねえ、まあ、頭は私よりも悪いとは思うけれども、ただ、農民たちを愛する心はあったんではないかなあ。

小林　つまり評価しているわけですね？

志位和夫守護霊　え？　まあ、彼はねえ、私みたいには言論が立たなかったからね。言論が立たない人には暴力を使いたがる気《け》があるから、「革命は銃口《じゅうこう》から生まれる」みたいなことを平気で言ってるけども、君ねえ、日本共産党は、その中日ボケ新聞と一緒《いっしょ》にされたら困るんだけどねえ。日本共産党は、公式には、テレビで「革命は銃口から生まれる」とは、今、言ってないんだよ。

総理を目指す公人として二割ぐらい「本心」を語る？

小林　今、「公式には言っていない」とおっしゃった？

志位和夫守護霊　うーん。

小林　まさに、そこに本質があるのです。つまり、「そう言っていないことになっている」ということに関して、いろいろな方が批判されているわけですね。

志位和夫守護霊　うん。君、テレビでそれを言えるかい？　「もちろん機関銃で革命を起こします。国会議事堂に乗り込んでやります」。それは映画の世界ですよ。映画の世界ではありますよ。

小林　はい。だから、テレビでは言えないんだけれども、ここは本心を語らざるをえない場なので、今、そのことをお訊きしているのです。

志位和夫守護霊　なるほど。私の本心は「高い」よ。だから、やっぱり献金《けんきん》してもらわないと。企業《きぎょう》献金は禁止してるけれども、宗教家の献金は禁止してないから、構わない。

小林　共産党さんが、「債務超過《さいむちょうか》に陥《おちい》って、本社ビルを売却《ばいきゃく》する」などという事態になったら、少し考えますので。

志位和夫守護霊　債務……（笑）。なーんちゅうことを言うんだ。それは、社民党と間違ってるんじゃないか？

小林　ですから、その可能性に関しては、後半の経済テーマにおいて、別途《べっと》、議論させていただきたいのですが。

志位和夫守護霊　うーん、まあ、いいわ。

小林　先ほど「個人的にも」と申し上げた趣旨は、ここは、普通《ふつう》のテレビスタジオなどとは違って、本心をお答えいただかざるをえない場なのです。

志位和夫守護霊　何の権利があって……。

小林　ですから、あなたが、総理大臣を目指すぐらいの公人であれば、それを語らなければいけないわけですよ。

志位和夫守護霊　ええ？　ああ、そうそうそう。なるほど、なるほど。まあ、そりゃそうだな。「総理新春座談会」ということであれば、もう、それは、やらないといかんことになるなあ。

小林　したがって、本心を語らなければいけないのですが。

志位和夫守護霊　うん、うん。まあ、それは、ある程度は、二割ぐらいは語ってもいい。

中国共産党による「暴力革命」を評価する志位和夫守護霊

小林　では、まずは、その二割のところでお訊きしますが、あなたは毛沢東を評価されていましたね?

志位和夫守護霊　まあ、それは、やっぱり実績はあるわな。何と言っても国を建てた。それから、何十年かの間、率いた。「一九四九年革命」(中華《ちゅうか》人民共和国の建国)に成功して、七六年まで生きた。そのあと、功罪両面あるかもしらんが、「農業が中心であったから、工業化まではちょっと入れたものの、商業のほうへは入り込めなかった」っていうあたりに時代的限界があって、次の鄧小平《とうしょうへい》たちの時代にならなければ、中国が本格的に発展しなかったところはあるけども……。

小林　そうですね。今、「一九四九年革命を評価する」とおっしゃいましたね?

志位和夫守護霊　当ったり前じゃないですか。偉大な中国ができたんだから。

小林　あの革命の本質は、圧倒的に少数派の共産党軍が、ソ連から兵器をもらい、満《まん》州《しゅう》の旧日本軍の兵器を奪《うば》って暴力革命をしたところにあるんですけれども、その点については、いかがですか。

志位和夫守護霊　いやあ、ハッハッハッ。日本軍の暴力に比べりゃ、もうほんと、かわいいもんですよ。日本軍はマシンガンで撃って、こちらはパンチで返してるようなもんですよ。こちらは、カンフーぐらいですから。

小林　そのへんの歴史観の問題が実は「全部嘘だった」という話は、後半で取り上げますので、とりあえず、一九四九年革命のときに、もともとは、ほとんど負けるはずだったのが、アメリカなどが、少しチョンボをやってしまい、あそこで二年間猶予《ゆうよ》を与《あた》えてしまったのです。

志位和夫守護霊　日本が勝手に負けただけじゃない？

小林　いえいえ。そうではありません。要するに、国民の支持をほとんど得ていなかったにもかかわらず、共産党が武装し、暴力革命で中華《ちゅうか》人民共和国を成立させたことを、あなたはたいへん評価されたんですけれども、その点に関しては、どう弁明をされるのでしょう？

志位和夫守護霊　ああ、君らは甘《あま》いなあ。中国っていうのは、そんな甘い国じゃないんだよ。やっぱり、『三国志《さんごくし》』『水滸伝《すいこでん》』の国なんだよ。「項羽《こうう》と劉邦《りゅうほう》」の国なんだよ。

だから、「戦い」っていうもののエキスパートなのよ。

日本みたいなところとは違うのよ。われらは、負けてるように見せて、負けてなくて、実際は長期戦に持ち込んで、日本を滅ぼそうとしてただけなんだからさあ。

小林　いや、今、私が申し上げているのは、「権力の座につくのに、正当な法的な手続きを経るのではなく、暴力を用いることがどういう場合に是《ぜ》か非か」ということに関してです。あなたは、事実判断として、「暴力を用いた毛沢東を評価する」とおっしゃったんですけれども、その暴力を……。

志位和夫守護霊　ああ。「明治維新《いしん》でまったく暴力が使われなかった」って言うわけ？　ほう？　初めて聞いたなあ。

小林　そのあと、きちんと議会制民主主義をつくりましたよ。

志位和夫守護霊　ほお！　いやあ、中国にも全人代《ぜんじんだい》（全国人民代表大会）があるよ、全人代が。

小林　そういう笑ってしまう議論は、ともかくとしてですねえ……。

志位和夫守護霊　まあ、いちおう議会らしきものはあるよ。

「〝悪人〟は殺さないといかん」と主張

綾織　先ほど、「公式には、暴力革命を肯定《こうてい》していない」ということでしたけれども、本音のところは、どうなのですか。

志位和夫守護霊　いや、それはね、抗日《こうにち》なんだ。要するに、「革命は銃口から生まれる」っていうのは、「日本兵を撃ち殺さなければ、革命は成立しない」っていうことだから、まあ、そういう意味なんだよ。

綾織　中国は、そうなんでしょうけども。

志位和夫守護霊　「悪人である日本人や日本兵を撃ち殺しても構わない」というそういう意味だよ。

綾織　戦争直後まで、日本共産党は、暴力革命というものを謳《うた》っていましたけれども、それをいったん隠《かく》して、ずっと来たわけです。本音のところは、どうなのでしょうか。

志位和夫守護霊　日本なんかは、やっぱり、たくさん人殺しをした人が神様になっていくからねえ。だから、言えないんじゃないか？

綾織　それは、「軍神」と言われる方だと思うんですけれども。

志位和夫守護霊　「軍神」って言うんだろ？　だから、共産主義にも「軍神」がいっぱいいるわけよ。

綾織　ほうほう。「そういう意味での暴力革命は肯定される」と？

志位和夫守護霊　うーん。だから、〝悪人〟は殺さないといかんわけよ。

綾織　「悪人を殺すのはいい」と？

志位和夫守護霊　しかたないじゃない？　〝悪人〟でも、そういう暴力とか権力とかを持ってるやつらは、やっぱり倒さないといかんからさあ。

3 「共産党政権樹立」の暁《あかつき》には

「難題続出の安倍《あべ》政権」が墓穴《ぼけつ》を掘《ほ》るのを待っている

綾織　実際に、「三年後、選挙によって首相になれるかもしれない」という話ですが……。

志位和夫守護霊　うーん。なるかもよ。なるかも！　君ね、ものすごい栄誉《えいよ》かもしれないよ。こうして、もう（首相に）なる前にインタビューが出たとしたら、国民栄誉賞を取れるかもね。

綾織　まあ、そうかもしれませんね。それだけ重要なインタビューだと思いますので、それを前提として、お話を伺《うかが》っていきたいと思います。

今後、共産党政権ができたとしたら、どういう政治をしていこうと考えていますか。

志位和夫守護霊　だから、安倍《あべ》が墓穴《ぼけつ》を掘《ほ》るのを待ってるわけよ、今ね。

綾織　はい。

志位和夫守護霊　いやあ、墓穴を掘ると思うな。

「外国を歴訪する」とか言ってるけど、中国・韓国《かんこく》に全然、手が出せない。北朝鮮《きたちょうせん》には、拉致《らち》問題の解決で、「人質《ひとじち》を戻《もど》せ」と言ってるが、相手にしてもらえない。中国・韓国（の首脳）と会えない日本の総理大臣。これには、もうねえ、財界からも不満続出だし、民間からもいっぱい不満が出るし、各党からも批判が続出するだろう。

まあ、「（首相の任期は）三年」というが、これは、「猶予《ゆうよ》を見て三年」ということで、ほんとは「三年はもたんだろう」と思うてはおるけどもね。うん。

綾織　中国・韓国首脳と会えないわけではありません。逆に、中国のほうがもたないと思うんですが。

共産党の目指す「社会主義革命」を訊《き》かれてごまかす

綾織　今、日本共産党では、「まず、『民主主義革命』があって、そのあと、『社会主義的変革』へ進む。この二段階がある」と謳《うた》っているわけですが、その本当の部分とは何でしょうか。

また、「憲法九条の完全実施《じっし》、自衛隊の解消」「日米安保《あんぽ》の廃棄《はいき》」などと言っているわけですが、これを進めていくことによって、どのような社会を目指すのでしょうか。

志位和夫守護霊　いや、「憲法を護《まも》る」って、うちは、護憲政党のトップだからね。

綾織　護憲ですね。

志位和夫守護霊　うちはね。護憲政党だけど、まあ、トップ的な存在だから。
その護憲の憲法はどこから来たかと言ったら、アメリカから押《お》し頂いた憲法であるから、「民主主義の本拠地《ほんきょ》であるアメリカの思想を受け継《つ》いだ憲法を護る」と言っているわけだ。

綾織　「武装解除をする」という憲法ですね。

志位和夫守護霊　そういう意味での西洋型民主主義と、軌《き》を一《いつ》にした動きだね。（質問者に）なんであきれた顔をするの？

〝搾取《さくしゅ》される側〟の不満を煽《あお》る共産党の論理

高間　先ほど、「マルクス主義は、ちょっと古くなった」とおっしゃいました。

志位和夫守護霊　うん、まあ、ちょっとはね。まあね。

高間　マルクスには、「自己疎外《そがい》」（自分の労働が他人のために使われてしまうこと）という考え方があると思うんですが……。

志位和夫守護霊　君は、暗い人間だな。ああ。そんなものに感応するのか。

高間　いえ、これに関して、共産党は、「若者から搾取《さくしゅ》をしている」ということで、よく、「ブラック企業《きぎょう》」への批判をしていますよね？

志位和夫守護霊　「ブラック企業」っていうのは、別に、うちの特権じゃなくて、マスコミとか、ほかにも一般《いっぱん》に言うことじゃないの？

高間　でも、言い出したのは共産党だと思います。

志位和夫守護霊　まあ、そういうこともあるかな。

高間　「大企業が持っている二百兆円もの余剰金《よじょう》を、もっと引き出してこい」というお話を……。

志位和夫守護霊　うーん、余剰金は、もっとたくさんあるでしょ?

高間　〝一丁目一番地〟(最優先課題)として、おっしゃっていましたね。

志位和夫守護霊　何言ってるんだよ。自民党だって「ブラック政党」だよ。公明党だって「ブラック政党」。みんな、「ブラック政党」だよ。

高間　要するに、「搾取する側がいて、搾取される側が苦しんでいる。今でも、一部に、この構造がある」と?

志位和夫守護霊　それはもう、そのとおりじゃん。今はもう、そのとおりだよ。

高間　そうですか。

共産党の考え方を推《お》し進めれば「宗教など要《い》らない」

志位和夫守護霊　もうほんと、一パーセントの人の帝王学《ていおうがく》を守るためにね、九十九パーセントの人が苦しんでるのが、現代の世の中ですよ。

だから、共産党の考え方を推《お》し進めれば、この世には、宗教なんか要《い》らないんです。なくても構わない。

その意味で、マルクスは正しい。「宗教はアヘンである」と。

まあ、これは麻薬《まやく》であって、実際、この世のことを何にも改善できないけど、コカの葉っぱを噛《か》んどれば、麻痺《まひ》してきて、何となく幸福になったような気になる。これが宗教。

だけど、共産党は、実際に、その「九十九パーセント」の人を解放する。まあ、だから、宗教なんか要らないのよ。

「暴力」を使うかどうかは時代性による

高間　あなたがたにとっては、その〝解放〟をするために、いろいろな手段があると思います。「暴力」も、その一つの手段だと思いますし……。

志位和夫守護霊　ん？　警察だって「暴力」だしさあ、機動隊も「暴力」だし、自衛隊も「暴力」だからな。

小林　重要なことは、それらの、いわゆる警察権力等は、ちゃんと法の下《もと》に支配されているわけです。

志位和夫守護霊　うん、うん。中国も、法の下に支配してるよ。

小林　ところが、歴史上、共産主義の行使した軍事や警察等で、法の下に支配されたものは一つもないんですよ。

志位和夫守護霊　ほう!

小林　一つもないんです。

志位和夫守護霊　ほう!　君、よく調べたんだねえ。

小林　一つもないことを考えると、それらとまったく同じ思想を信奉《しんぽう》しているにもかかわらず、あなたたちだけが例外になるとは、誰《だれ》も信じないんですよ。

志位和夫守護霊　ん?　何のこと?　要するに、「『私が暴力を使わない』ということが信じられない」って言ってるの？

小林　そうです。

志位和夫守護霊　ううーん。まあ、それはねえ、時代性によるね。やっぱり、国民を守るための時代性によるね。

小林　そうでしょう？

志位和夫守護霊　うんうん。まあ、それはある。

党の綱領《こうりょう》を「自衛隊温存」路線に切り替《か》えた真の理由

小林　だから、二〇〇四年の共産党綱領《こうりょう》を見て、非常に面白《おもしろ》かったんですよ。

志位和夫守護霊　うーん。

小林　「自衛隊を廃棄する」とは言わなかったでしょう?

志位和夫守護霊　ヘッヘッヘッヘッ……。

小林　だから、あなたの言った、「最大の憲法擁護《ようご》派だ」というのは、実は嘘《うそ》なんですよ。「自衛隊は温存して活用します」というように表現を変えました。

志位和夫守護霊　ああ、さ……、「災難救助隊」としてね……。

小林　いやいや、そうは言ってないでしょう。ごまかさないでください。そして、その前の二十世紀の時代においては、「武装中立論」でした。

志位和夫守護霊　うーん。ま、それもいいねえ。

小林　さすがに、だんだん本音が出てきましたね。

志位和夫守護霊　うーん……。

小林　本音としては、「武装中立論」が好きなんですよ。

志位和夫守護霊　うん。それもいいですねえ。

小林　しかし、とりあえず、「護憲」のスタイルをとるために、あからさまに「武装中立論」とは言わずに、「自衛隊は、危急存亡のときには活用します」といった言い方で、「軍事力を温存する選択《せんたく》」を、二〇〇四年綱領で採《と》ったわけです。

志位和夫守護霊　うーん。

小林　だから、やはり、基本的な考え方のなかで、軍事力を温存し続けているんですね。

志位和夫守護霊　いやあ、それはねえ、政府を倒《たお》すのに、最後、自衛隊が必要だから。軍を押さえなけりゃ、やっぱり、倒せないじゃないですか。

小林　それはそうですよね。やはり、そういう考えですか。

志位和夫守護霊　うーん。だから、まあ、自民党に支配されてる自衛隊は要らない。だけど、共産党に支配されてる自衛隊は必要ですよ。

小林　「必要だ」と思っておられるわけですよね。

志位和夫守護霊　ま、そういうことですよね。

だから、あなたね、そういう武力とか暴力自体を全部否定しちゃいけないんだよ。秦《しん》の始皇帝《しこうてい》みたいな、ああいう圧政で人民を苦しめてる人に対して、張良《ちょうりょう》みたいな人が暗殺を狙《ねら》ってやるっちゅうようなことが、英雄《えいゆう》的行為として（手を叩《たた》く）、二千年以上、称《たた》ええられてるわけだからね。

中華帝国《ちゅうかていこく》の下《もと》で「世界共産党」を目指す？

綾織　では、自衛隊を押さえたあと、中国との関係というのは、どうなるんですか。どうするんですか。

志位和夫守護霊　それは、まあ……、中国と私が対等に話し合えるかどうかにもよるとは思うがなあ。まあ、そういう政治基盤《きばん》の強さにもよるとは思うけどねえ。うーん。

綾織　話し合って、どのようにしていくんですか。

志位和夫守護霊　まあ、話し合ってだねえ、「日本の国民の利益を守りつつ、中国の繁栄《はんえい》も支える」という共存《きょうそん》共栄の関係だな。

綾織　ほう、共存ですか。

志位和夫守護霊　まあ、「かつての自民党がやりたくてもできなかったことを、われわれは成し遂《と》げる」ということだな。

綾織　ほうほう。それで、日本は独立した状態なんですか。

志位和夫守護霊　ええ？　独立も何も、共産主義は万国インターナショナルな……、というか、もう、全部一緒《いっしょ》なんだよ。

綾織　一緒？

志位和夫守護霊　君たちの宗教が「世界宗教になりたい」というように、「世界共産党」なのよ。だから、最後は、みんな一つになるんだよ。

小林　要するに、「中華帝国《ちゅうかていこく》の下《もと》で一つになる」ということですね？

志位和夫守護霊　うーん。だから……。

「福島瑞穂《ふくしまみずほ》」「社民党」に対する本音を激白

小林　実は、この間、社民党の福島瑞穂《ふくしまみずほ》さんの守護霊をお呼びしたときに、彼女が何と言ったかといいますとね。

志位和夫守護霊　うーん、うーん。

小林　いずれ、中国共産党が強くなってきて、その影響《えいきょう》力が日本に入ってきた場合には、「自分と志位さんが習近平《しゅうきんぺい》の代理人となって、日本という植民地を支配する」ようなことをおっしゃったんですよ。

志位和夫守護霊　あ！　あいつ、しゅ、習近平の妾《めかけ》になる気かあ！

小林　はい。まあ、あなたが男娼《だんしょう》か何かは知りませんけれども。要するに、「志位さんと私が、中国の代理人、エージェントとして、この国を統治します」と……。

志位和夫守護霊　いや。私は、社民党なんか要らないですよ。うちだけで十分ですよ。一党独裁ですよ。当ったり前ですよ。あなた、共産党は、一党独裁が本義ですから。

当ったり前じゃないですか。だから、要らないよ、あんなもん。

小林　だから、その「一党独裁」になる過程で、反対意見の人を全員粛清《しゅくせい》していくわけでしょう?

志位和夫守護霊　ああ。残すとすれば、「本当の共産主義に移行する前の段階」っていうのがあるから、そのために、時系列においては、方便的に、「クッションとして使ってやるかどうか」っていうことはありえるけども……。

小林　あくまで一時期のことですね。

志位和夫守護霊　うん、最終的には要らないわね。

小林　最終的には、「社民党も要らない」と?

志位和夫守護霊　一党独裁だから、社民党なんか要らないけど、国民を安心させるための方便として、途中《とちゅう》経過では、まあ、あってもいいのかなあ。そういう意味では、使い方はあるかもしれないな。

小林　だから、一党独裁ということは、要するに、「反対派の意見は認めない」ということですよね？

志位和夫守護霊　いや、正しいものはね、貫《つらぬ》かなきゃいけない。それは宗教と一緒だ。だから、「宗教は要らない」って言ってるじゃない？

党の批判者を捕《と》らえるために軍隊と警察をフル活用

小林　そうすると、「今の共産党の綱領に入っている、『仮に、私たちが政権に就《つ》いても、反対派の言論の自由は、百パーセント保障します』というのは嘘だ」ということでいいですね？

志位和夫守護霊　中国共産党では、まあ、「軍隊」と「警察」はフル活用してると思うねえ。それに、党を批判する者を許さないで、完全に捕《と》らえに行きますよね。

小林　そうですね。

志位和夫守護霊　だけど、まあ、うーん……、それでもまだ、「活動家」っていうのがいっぱい出てくるからね。

しかし、もう、十万単位のデモを踏《ふ》み潰《つぶ》すのに、忙《いそが》しくてしょうがないらしいから。それはもう、「警察」も「軍隊」も、必要で必要でしかたがないよね。

やっぱり、「国をまとめる」っちゅうことは、そういうことなんだよ。大変なことなんだよ。

小林　なるほど。

「言論の自由」とは「共産主義万歳《ばんざい》！」と言える自由？

小林　だから、基本的には、その中国の体制と同じであるわけですね？

志位和夫守護霊　うーん。だけどねえ、「言論の自由」はあるんだよ。つまり、「共産主義万歳《ばんざい》！」と言う自由は、みなに与《あた》えられてるんだよ。あきれてるのか。ん？　ん？　あ、そうか。

小林　いえいえ。あきれているんですが。

志位和夫守護霊　うーん。

小林　いや、別に、いい意味であきれているんですけどね。

志位和夫守護霊　う、うーん……。

小林　一点、確認しなければいけないことがあるんですが、今のお話とちょうど合うので。

志位和夫守護霊　大川隆法がねえ、「毛沢東《もうたくとう》に成り代わろう」なんて、もう、千年早いんだよ。

綾織　そんなことは考えていません。

小林　その議論は、あとでいいんですけれどもね。

「プロレタリアート独裁」こそ民主主義の最終形態？

小林　そうしますと、志位さん、今の文脈でおっしゃったことについてなんですが、志位さんにとって、「民主主義」とは何ですか。

志位和夫守護霊　ん？

小林　「民主主義」とは何ですか。

志位和夫守護霊　民主主義なんてないよ。「人民主義」しかないよね。「人民主権」だ。うん、うん。

小林　「人民によるプロレタリアート（労働者階級）独裁」ということですね？

志位和夫守護霊　うん。そうそうそう。

小林　それは、要するに……。

志位和夫守護霊　それは、民主主義の最終形態だよね。うん、うん。最終形態。

小林　はい。「民主主義」の最終形態です。最終形態というのは、つまり、「同じ考えを持った人しか存在しない」ということですね。

洋風化してごまかしている今の中国は軟派《なんぱ》

志位和夫守護霊　今の中国は、背広にネクタイを着けて、ちょっと軟派《なんぱ》化してて、よくないから、お互《たが》いを「同志」と呼び合うような世界に、もう一回戻したいな。

小林　ああ、今の中国共産党でも「軟派」だと?

志位和夫守護霊　ちょっとね、洋風化してごまかそうとしてる気《け》があるな。うん。やっぱり、人民服を着て、お互いに「同志！」「同志！」って呼び合うようにならなきゃいけないよ。

おかしいのは日本共産党ではなく中国共産党のほう？

小林　そうすると、先日、中日新聞の小出《こいで》社長の守護霊がおっしゃっていた、「日本共産党よ、ごまかすな」という言葉は、中国共産党にこそぶつけるべきであると？

（前掲《ぜんけい》『「中日新聞」偏向《へんこう》報道の霊的原因を探《さぐ》る』参照）

志位和夫守護霊　そうだ。中国共産党がおかしいんだ。俺《おれ》らは正しいんだよ。中国共産党のほうがおかしい。うんうんうん。

小林　「正しい」という意味は、今、正直におっしゃってくださっている意味で「正しい」ということだと思うんですが。

志位和夫守護霊　うぅーん。だからねえ、まあ……、あいつら、中華料理でフカヒレを売りたくて、きっとごまかしてるんだよ。うん。

スターリンを「偉大《いだい》な殺人鬼《さつじんき》」と称賛《しょうさん》

綾織　そういう意味では、まあ、「今の中国共産党の体制よりも、スターリン時代のソ連の体制に近い」と言ったほうがいいんでしょうか。

志位和夫守護霊　スターリン（笑）……。

綾織　「異論を完全に排除《はいじょ》していく」という意味で。

志位和夫守護霊　もう、君ねえ、タイム・マシンと話してるみたいな感じがするんだが。

綾織　今、おっしゃったことは、体質的に、スターリン体制に極《きわ》めて近いと思うんですけどね。

志位和夫守護霊　いやあ、スターリンっちゅうのは、君ねえ、まあ、僕《ぼく》とは頭の出来が違《ちが》うんだからさあ。いや、スターリンは偉大《いだい》だよ。

綾織　そうですか。

志位和夫守護霊　偉大だと思うよ。「偉大な殺人鬼《さつじんき》」だとは思うけども、まあ、頭が幼稚《ようち》な分だけ、人殺しのプロレスラーみたいなところがあるからさあ。

綾織　はあー、なるほど。では、「もっと洗練されたかたちでやれ」と？

志位和夫守護霊　うーん。こう、「ウエスタン・ラリアット」（プロレスの技の一つ）みたいので打ち倒していくようなのがスターリンだよ。基本的に、「鉄の男」だよな。でも、私は、もうちょっとソフトだからね。

綾織　ソフトに強制収容所をつくっていく？

志位和夫守護霊　そんなことはない。強制収容所なんて、そんなことはないよ。

政権に就《つ》いたら安倍《あべ》首相は「鉄格子《てつごうし》」のなかへ

志位和夫守護霊　私は、誰かみたいに、君をサイロのなかに入れて、牛と一緒に寝《ね》かすなんて、そんなことはしませんよ。鉄格子《てつごうし》のなかに入れますから。全然、そんな……（『イラク戦争は正しかったか』〔幸福の科学科学刊〕参照）。

小林　ああ、もっと、はっきりしているわけですね？

志位和夫守護霊　ええ、そんなもんは要らない。

小林　そうすると……。

志位和夫守護霊　「サイロ」なんて生っちょろい。

小林　では、福島瑞穂さんのアナロジー（類推）で言うと、仮に、あなたが政権に就《つ》いたとしたら、安倍《あべ》さんも鉄格子のなかに入れるわけですね？

志位和夫守護霊　どうせ生きてないよ。もういないよ。もう、腸に穴が開いて、死んでるからいいよ。うん、うん。関係ないよ。もう、もう、もう終わりだよ。
この暑いのに、あれだけ遊説《ゆうぜい》したら、もう、終わりだよ。もうすぐ終わるから、あの人は。うん。

民主党の人々は「そして誰《だれ》もいなくなる」？

小林　それでは、中間にいた民主党の方々も、鉄格子のなかに？

志位和夫守護霊　それはもう、誰《だれ》もいなくなるんだろう？　だって、「そして誰もいなくなる」んだから、別に、入れる必要もない。食糧費まで助かるわね、ええ。いなくなるんだからさ。

小林　「いなくなる」ということは、つまり、あなたが「処分をする、粛清をする」ということですか。

志位和夫守護霊　あの党はなくなる……、いや、いや、君たちが粛清するんじゃないか。

小林　いえいえ、私たちはしませんが。

志位和夫守護霊　君たちは、粛清するために本を出してるんじゃないの？

小林　これは重要な点ですから、話をすり替《か》えないでください。

志位和夫守護霊　ん？

「三流のプロレス談義」で話をすり替《か》える

小林　あのとき、福島瑞穂さんは、「綾織（質問者）と安倍さんを収容所に入れる」と言ったんですよ。

志位和夫守護霊　すごい大物じゃないか。喜べ！

小林　そして、今、志位さんは、綾織を収容所に入れるのではなくて、「鉄格子のなかに入れる」と？

志位和夫守護霊　それじゃあ、「もっと大物だ」っていう意味じゃない？　すごいじゃないの。

小林　そうしたら、安倍さんを鉄格子のなかに入れることになるわけでしょう？

志位和夫守護霊　ああ、鉄格子のなかに入ったら、ボブ・サップ並みの人間だよ、君。なあ？　危ない。サイロだったら、破って出てくる可能性があるっちゅうことだよ。うーん。すごいよ。

綾織　意味がよく分からないのですが（会場笑）。

小林 「プロレスの話ですり替《か》える」というのは、かなり三流のすり替えではありますけどね。

志位和夫守護霊 うーん。まあ、そうかい?

スターリンのようにヒゲを蓄《たくわ》えれば尊敬される?

綾織 結局のところ、スターリン体制的なものか、あるいは、北朝鮮と同じような、巨大《きょだい》な強制収容所ができていくことになるわけですね?

志位和夫守護霊 まあ、スターリンもねえ、あのヒゲは尊敬されてて、みんな、慈父《じふ》のように尊敬してた時代もあるんだからね。

綾織 ああ、そういう宣伝をしていましたのでね。

志位和夫守護霊　だから、私もヒゲを蓄《たくわ》えれば、そういうふうになるかもしれない。

綾織　はいはい。そうかもしれませんね。では、そういうかたちで、国民の〝尊敬〟をかき立ててやっていくわけですか。

志位和夫守護霊　やっぱり、権力を手にしたら、それで満足して、いい人になって、優《やさ》しくなっていくかもしれないじゃないか。うーん。

綾織　しかし、旧ソ連では、結局、二千万とかいう人たちが粛清されていったわけです。

志位和夫守護霊　だから、安倍首相みたいな、あんな〝殺人鬼〟を肥大化させるっていうのは、あんまりいいことじゃないから。

綾織　いえいえいえ。

志位和夫守護霊　私みたいな平和主義者が、この国を建てな……。

小林　（笑）

志位和夫守護霊　なんで笑うのよ。私は平和主義者じゃないの。

4 「自衛隊」から「日本共産党軍」へ

実は、「マルクス・レーニン」を捨てていない日本共産党

小林　では、そろそろ、本音でいきますね。すみません。化《ば》けの皮を剥《は》がしに入りたいのですが……。

志位和夫守護霊　化けの皮……。

小林　いいですか?

志位和夫守護霊　うん。

小林　先ほどから、いろいろおっしゃっていますが、共産主義の本質は、「訓詁学《くんこがく》」だと思っています。

志位和夫守護霊　ふーん。そう。

小林　これは、ある人の言葉でもありますけれども。

志位和夫守護霊　うーん。

小林　まず、事実の指摘《してき》をさせていただきますが、日本共産党のなかには、非常に面白《おもしろ》いことに、講師制度や研修制度がありますね？

志位和夫守護霊　うんうん。

小林　そして、必読テキストの指定がありましたよね？

志位和夫守護霊　うん。

小林　その必読テキストのなかには、例えば、マルクスの『資本論』とか、レーニンの『帝国《ていこく》主義論』とか、そういったものが入っていましたよね？

志位和夫守護霊　うん。

小林　さらに、それを勉強することが、党員、および、講師には義務づけられていますね？

志位和夫守護霊　うん。

小林　その上で、試験が課され、その試験で高い得点を取った人が、あなたのように出世をするわけですね？

志位和夫守護霊　うん。うん。

小林　これで、なぜ、「こういう人たちが、マルクスとか、レーニンとかの考え方を捨てている」と言えるのですか。

志位和夫守護霊　あのねえ……。

小林　「それが、おかしい」と、みんな言っているんですよ。「嘘《うそ》でしょ？」と。

志位和夫守護霊　うーん。君がねえ、「共産党がやってる」と言ったことは、幸福の科学がやってることでもあるし、創価学会《そうかがっかい》がやってることでもあるんだよ。

小林　いや、今は、宗教の議論をしているのではなくて、政治の議論をしているんですよ。

要するに、事実の問題として、それをやっているわけでしょう？

志位和夫守護霊　うーん。

小林　だから、いろいろ言っていたけれども、実は、あなた自身は、レーニンを捨てていない。

志位和夫守護霊　うーん。「政治家としての常識が必要だ」っちゅう話もあるぐらいだから、共産党が第一党になって、要するに、この国を牛耳《ぎゅうじ》る場合、その第一党の党員として、政治を行うための資格要件は要《い》るわなあ。そのためには、やっぱり、ちゃんと教育を施《ほどこ》して、「一定以上の常識を身につけているかどうかを確認する」っていうのは、当たり前のことじゃないですか。

小林　だから、それが共産党政治家の「思想・信条」になるわけですよね？

志位和夫守護霊　うん、そうだ。

少数派の段階で軍事力による体制転覆《てんぷく》にかかるのが共産党の定石《じょうせき》

小林　なぜ、それをお訊《き》きしたかと言いますと、世の中の人に、あまりよく知られていない、「ロシア革命の実態」というものがあるからです。

志位和夫守護霊　うーん。

小林　これは、共産系の人が、よく隠《かく》しているのですが、今日は、その話をしつつ、あなたに質問したいと思います。

志位和夫守護霊　うんうん。

小林　ボルシェビキといいますか、いわゆる、ロシア共産党というのは、一九一七年の革命のなかでは、圧倒的《あっとうてき》少数派でしたね。

志位和夫守護霊　うんうん。

小林　二月革命が終わった段階での獲得《かくとく》議席数は、確か、全体の、わずか六分の一だったと思います。

志位和夫守護霊　うーん。

小林　その六分の一の人が、十月に軍を使って、暴力革命を起こし、そして、独裁国家をつくったんですよ。

志位和夫守護霊　ああ、まるで、幸福実現党が狙《ねら》ってるようなことだねえ。

小林　要するに、今の一連の話のなかで、あなたは、「暴力で倒《たお》さなければいけない相手もいるから、軍隊は重要だ」と言いました。そして、あたかも、カモフラージュをするかのように、「議会で過半数を取って、権力を行使する側に回ったら、それをやる」というような言い方をしているんですけれども、歴史の現実は、全部、違《ちが》っています。

志位和夫守護霊　うん。

小林　つまり、中国共産党を含《ふく》め、共産主義では、議会で多数派になる前の少数派の段階で、軍事力を使って体制を転覆《てんぷく》にかかっていった。

志位和夫守護霊　うーん。

小林　だから、日本でも、あなたがたの議席が、一議席や二議席ぐらいの間《あいだ》はともかくとして、数十という単位で議席を取ってきた段階では、そのへんについてチェックとモニターが入るのは当然のことです。そのへんに関しての見解は、いかがですか。

志位和夫守護霊　ほーう。じゃあ、言わしていただきましょうか。

小林　はい。

志位和夫守護霊　あのねえ、自衛隊新聞に広告を載《の》せてるのは、あんたがたのほうであってねえ、共産党の広告なんか、自衛隊新聞には載りませんよ。

小林　それと、今の話は関係ないでしょう。

志位和夫守護霊　だから、自衛隊を乗っ取ろうとしてるのは、あんたがたであって、私たちじゃないですから。逆でしょうが。

小林　いやいや。すり替《か》えをしないでください。基本的に、われわれは、保守の側であり、統治の側であり、今の体制を守る側だと認識されているということです。

志位和夫守護霊　どこが統治してるのよ。あんたら、差別されてる、〝差別階級〟じゃないの。

小林　いえいえいえいえ。われわれは、安倍《あべ》首相の〝家庭教師〟ですから、統治の側なんです（『安倍新総理スピリチュアル・インタビュー』〔幸福実現党刊〕参照）。

志位和夫守護霊　自分で言うとるだけじゃないか、そんなの。

小林　まあ、それは、霊的に、ご本人にお訊きいただければ分かります。つまり、世間の人も、周りの人も認定しているわけですよ。「幸福実現党は、暴力革命を起こすような人たちではない」と。

志位和夫守護霊　そりゃそうだよ。君ら、〝アヘン中毒〟で、もうフラフラなんだ。それじゃあ、革命は起こせないじゃないかよ。暴力革命は無理だろう。

小林　また、すり替えのレベルが、だんだん下がってきて、議論しやすくなってきたのですが……。

志位和夫守護霊　病院行きなんだよ。ええ？

いずれ警察は日本共産党の支配下に入るのか

小林　いまだに、警察白書では、日本共産党に対して数ページを割《さ》き、その危険性についで分析《ぶんせき》しているんですよ。

志位和夫守護霊　警察は、いずれ、共産党の支配下に入るんだから。警察は、コロッと変わる。警察の公安なんか、民主党になったときに、正反対になったんだからさあ。共産党になったら、もう、全部引っ繰《く》り返って、君らは毎日、尾行《びこう》や盗聴《とうちょう》をかけられるよ。

小林　そうやって、権力を行使するわけでしょう?

志位和夫守護霊　うん。

小林　権力の側に回ったら、そうやって、尾行や盗聴をするわけですね？

志位和夫守護霊　いや、これは、警察が、いつもやってることだから。今まで、私らは、やられてきたんだから。

小林　ということは、基本的に、戦前の宮本顕治《みやもとけんじ》らが起こした「スパイ査問事件」のときと同じ発想ではないですか。

志位和夫守護霊　私らは、やられてきたんだから……。

小林　あ！　あのねえ、ごまかさないでください。あなたの恩師の……。

志位和夫守護霊　統治の側になりゃあ、そうなるよ。

小林　逃《に》げないでくださいね。

志位和夫守護霊　うん。

小林　要するに、あなたのほうから、「スパイだ」「尾行だ」という話をされたので、私のほうからも申し上げたんですけれども、それだと、基本的に、戦前の、つまり、戦後の宮本さんではないですよ？　戦前の、いろいろな〝粛清《しゅくせい》事件〟とかを起こしたときの共産党と変わらないですよね？

志位和夫守護霊　うーん。公明党でも、同じことになるからね。警察を使って、尾行、盗聴、スパイをしまくるし……。

小林　まあ、そうでしょうね。

志位和夫守護霊　ね？

小林　ただ、今の論理は……。

志位和夫守護霊　だけど、アメリカだって、ＣＩＡをつくって、やってるんだから、一緒《いっしょ》なんだよ。

小林　いや、それは「海外に対して」ですよ。国内マターに関しては、基本的に、やっていないんです。

志位和夫守護霊　それは、インテリジェンス（諜報《ちょうほう》活動）って言うんだ。あのねえ、君たちは、後《おく》れた宗教だから、理解してないのよ。後れた宗教は、インテリジェンスが分からないんだよ。

共産党が権力を握《にぎ》ったら「不法行為《こうい》の塊《かたまり》」になる？

小林　あの、いいですか？　議論を元に戻《もど》しますが、それは、「公明党が不法行為《こうい》をやっているから、共産党も不法行為をやったっていいじゃないか」という議論ですよ。

志位和夫守護霊　うん。まあ、あそこは、不法行為の塊《かたまり》だろうよ。

小林　では、「共産党も不法行為の塊だ」と認めるわけですね？　あるいは、「将来的に権力を握《にぎ》ったら、不法行為の塊になる」ということを認めるわけですね？

志位和夫守護霊　ただ、今、権力の側にいるのは向こうだからね。いいか？　つまり、民衆の側にいるのは、俺《おれ》たちなんだからさ。間違わないでくれよ。

小林　「自分が権力の側に回ったら、そういうことをする」と、今、おっしゃったわけですから……。

志位和夫守護霊　公明党は、権力の側に回ってるからさ、今は、警察でも何でも使い放題なんだよ。

小林　今日の質問者は私なので、私の質問に答えていただけますか？　つまり、今、権力のなかに入っている公明党のことを質問しているのではなくて……。

志位和夫守護霊　ああ、そうか。

小林　あなたが、権力の側に回る、あるいは、連立政権に近づいた場合に……。

志位和夫守護霊　ああ、もうすぐ、わしは、総理大臣だからね。うん。

小林　その場合、今おっしゃった、警察庁とか、公安調査庁とかを使って、何をされるのですか。

志位和夫守護霊　え？　やっぱり、彼らに共産党員に変わってもらわないといけないよねえ。最近、「アメリカのフーバーが、共産党員だったんじゃないか」っちゅう噂《うわさ》もあるじゃないの。ええ？

小林　申し訳ないですけれども、それは、かなり〝つまみ食いの知識〟で、墓穴《ぼけつ》を掘《ほ》った感じですね。今の発言は、専門家の議論のなかでは、バカにされる対象でした。

志位和夫守護霊　日本の……。

小林　それは、「フーバーの政敵が共産党員だったのではないか」という議論であって……。

志位和夫守護霊　ああ、そう？

小林　聞きかじりの知識で、そういうことをしゃべらないでください。

志位和夫守護霊　「日本をぶっ潰《つぶ》した、フランクリン・ルーズベルト大統領は共産党員だった」という説もあるじゃない。だから……。

小林　それと言い間違えたのでしょう？

志位和夫守護霊　だから、共産党は、悪《あ》しき日本を潰したんだよ。

小林　今、世の中には、「フーバーによるフランクリン・ルーズベルト批判」の本が出回っているから、それを聞きかじって、言い間違えたのでしょう？

志位和夫守護霊　うん。まあ、われわれはね、自分たちの本以外、読まんからさあ。そんな、君たちと一緒なんだよ。

小林　まあ、分かりました。

「共産主義は軍事力と一体」と断言

小林　要は、質問に答えていただきたいのは……。

志位和夫守護霊　うん。何よ、何よ。

「幸福の科学は残れるか、残れないか」を聞きたいのか？

小林　いやいや。今、ほぼ答えをおっしゃってくださったんですが、権力に影響《えいきょう》を与《あた》えるようになったら、中国と同じように、警察庁や公安調査庁を共産党の人間に変えて……。

志位和夫守護霊　もちろん、私が任命しますから。当然です。

小林　そして、反対する勢力に対して、スパイをしたり、尾行をしたり、場合によっては、粛清をかけたりしていくわけですね。

志位和夫守護霊　ああ。公明党・創価学会は、八王子なんか、ほとんど押《お》さえてるじゃないですか。政治のほうから、警察、裁判所まで、もう、創価学会員で押さえてるじゃないですか。

小林　「あれを、共産党の名の下《もと》に、全国に広げたい」ということですね？

志位和夫守護霊　敵がやることは、こっちもやらないといかんでしょう。

小林　ああ、「当然やる」と？

志位和夫守護霊　うーん。

小林　分かりました。ありがとうございます。

志位和夫守護霊　だから、公明党がやってることは、もう、池田大作《いけだだいさく》逮捕《たいほ》を阻止《そし》するためにやってるだけなんですからね。

小林　では、その延長で、〝警察のその先〟には、いわゆる、「自衛隊」というものがあるのですが、権力の側に回ったら、当然、自衛隊に関しても同じことを考えているわけですね？

志位和夫守護霊　自衛隊っていう名前はよくないね。

小林　では、どういう名前が……。

志位和夫守護霊　「日本共産党軍」ですね。

小林　「日本共産党軍」にして……。

志位和夫守護霊　うんうん。やっぱり、そうしなきゃいけない。

小林　そして、軍事力を握ると？

志位和夫守護霊　うん。ま、当然なんじゃないですか？

小林　当然、そうすると？

志位和夫守護霊　共産主義は軍事力と一体なんですから。

小林　共産主義は軍事力と一体化していると？

志位和夫守護霊　銃口《じゅうこう》によって革命を成し遂《と》げなきゃいかんから、それは、しかたないよ。

小林　うん。やはり、ちゃんと本音が出てきましたね。〝ご立派〟だと思いますよ。

「中国と組まないかぎりアメリカには勝てない」と見ている

高間　そのときの仮想敵国は、どこになるのでしょうか。

志位和夫守護霊　「敵国」ですか？

高間　仮想敵国です。

志位和夫守護霊　国内じゃなくて？

高間　ええ。

志位和夫守護霊　仮想敵国？

小林　ああ、国内の敵に関してでもいいですよ？　自衛隊の権力を握ったら、国内で、誰《だれ》をやっつけるつもりですか。

志位和夫守護霊　え？　何？　仮想敵国は……。まあ、それは、いっぱいあるから。まだ、ほかに政党がいっぱいあるから……。

小林　例えば？

志位和夫守護霊　百パーセントを取るのは、難しかろうからさ。

小林　うん。

志位和夫守護霊　まあ、邪魔《じゃま》しそうなやつは……。それは、今の権力側にいる人たちがほとんど邪魔するだろうから、そのへんは潰さなきゃいけないな。

小林　ああ。そのへんは、銃で潰していくのですね。分かりました。

志位和夫守護霊　うんうんうんうん。まあ、銃で潰す必要はないよ。

小林　（笑）あ、戦車で潰すのですか。

志位和夫守護霊　銃で潰さなくても、ちゃんと、家の前で見張ってれば、それで済むことだから。

高間　もちろん、アメリカ帝国主義とも戦うと？

志位和夫守護霊　アメリカ帝国主義には、やっぱり、中国と組まないかぎりは勝てないからねえ。それは無理だ。

「日本共産党軍」は人民解放軍の「右腕《みぎうで》」になるべき？

小林　その「日本共産党軍」と、中国人民解放軍は、どういう関係になるのでしょうか。

志位和夫守護霊　「日本共産党軍が一方的に中国人民解放軍の手下になる」というのは、やっぱり日本のプライドが許さないからね。ある程度、右腕《みぎうで》ぐらいの強さにはならないといかんよな。

綾織　では、今の北朝鮮《きたちょうせん》と同じような立場になりますか。

志位和夫守護霊　北朝鮮よりは強くないと、やっぱり、まずいんじゃないか、いくら何でも。

綾織　「北朝鮮より強い」という立場ですね。

志位和夫守護霊　うん。国力から見たら、それは当然だ。北朝鮮は弟分ぐらいにしてやってもいいけども、国力から見たら、こっちが上でなきゃいけないだろうなあ。

警察や軍の人事権を中国が握《にぎ》っても「構わない」

小林　そうなった場合、中国の衛星国の現実を見ますと、例えば、東京の警視庁の総監《そうかん》の人事権は、北京《ペキン》政府が握《にぎ》ることになるんですよ。

志位和夫守護霊　別に構わないよ。

小林　あ、「構わない」という考え方ですね。

志位和夫守護霊　彼らは、そんな細かいことは言ってないからさあ、朝貢《ちょうこう》だけすりゃあいいわけで、報告だけすりゃ、それで済むんだよ。

小林　いえいえ。「人事権を握る」ということは、「直接、中国人を送り込《こ》むか、まったく同じ考え方の人間を警察と軍事のトップに据《す》える」ということです。

志位和夫守護霊　いや、中国人は、そんなことはしないよ。それを裏で操《あやつ》ってるだけだろうよ。そんな、直接やるようなバカなことはしないよ。

それは大丈夫《だいじょうぶ》だよ。日本の共産党員が、そのまま就《つ》くだけだから、それは大丈夫だよ。

小林　ああ。「直接やるようなバカなことをしない」というのは……。

志位和夫守護霊　日本人の共産党員を、ちゃんと……。

小林　つまり、「私（志位）のような人間を使うから、そんなバカなことはしない」

ということですね。

志位和夫守護霊　私が、なんで警視総監をやらなきゃいけないの？　私は総理大臣をしなきゃいけない。

小林　いえいえ。日本における行政の統治の……。

志位和夫守護霊　人材が不足してるよ。私を警視総監に使ったら、人材が足りなくなるじゃないですか。

小林　いやいや、日本政府でもいいんですけどね。要するに、「中国と、そういう関係になる」ということですね。

志位和夫守護霊　うん。だからねえ、基本的に、「北朝鮮よりは、軍事力は強くなきゃいけない」と思うね。共産党軍でもね。

「中日軍事同盟」で、アメリカは仮想敵国になる

志位和夫守護霊　だから、やっぱり、中国と補完し合って、米第七艦隊《かんたい》を壊滅《かいめつ》させられるぐらいの力を持たなきゃいけない。うん。

高間　沖縄《おきなわ》米軍基地は、どういうふうにされますか。

志位和夫守護霊　沖縄米軍基地は、もちろん、中国軍の駐屯地《ちゅうとんち》にかわります。

高間　どうやって米軍を追い出すのですか。

志位和夫守護霊　ええ？

高間　米軍を追い出す方法は？

志位和夫守護霊　もう、今の流れで大丈夫ですよ。そのままで消えますから。グアムに引いて、それから、オーストラリアのダーウィンに引いて、ハワイに引いて、どんどん引いていくから大丈夫ですよ。

小林　今のコメントだと、基本的に、日本の軍事大国化を目指すわけですね。

志位和夫守護霊　軍事大国化ではなくて、中国と友好関係を結べるような、そういう「中日軍事同盟」だね、必要なのは。

小林　「中日軍事同盟」だと。

志位和夫守護霊　ということは、アメリカは、基本的には仮想敵国として、外れることなるわね。

小林　アメリカは仮想敵国だと?

志位和夫守護霊　うんうん。

小林　分かりました。

5　共産党が支配する日本

「『赤旗《あかはた》』一紙だけあればいい」と主張

綾織　そのなかでの、教育とかマスコミとかは、どういう状態になりますか。

志位和夫守護霊　え？　マスコミ？　マスゴミ？

綾織　ああ、マスゴミでもいいですけれども。

志位和夫守護霊　マスゴミは要《い》らないわ。

綾織　要らない？

志位和夫守護霊　うん。「人民日報」さえあればいいんだから。

小林　ちなみに、朝日新聞はどうですか。

志位和夫守護霊　まあ、ゴミだよ、あんなのは。

小林　ゴミ？　要らない？　ふーん。

志位和夫守護霊　だから、「赤旗」こそが正義なんだよ。

綾織　「赤旗」のみですか。

小林　では、当然、読売新聞なんか要らないわけですね。

志位和夫守護霊　やっぱり「赤旗」を読むべきで、読売なんか（笑）、もう、あんな、ジャイアンツの時代は終わったよ。もう飽《あ》きたわ。

小林　ああ、要らないと。

志位和夫守護霊　もういいわ。

小林　要らない？　ふんふんふん。

志位和夫守護霊　うん、もういい。ジャイアンツの試合の結果を見たけりゃ、読売を取るしかないんだけども、ああいうのも、そろそろ飽きただろう？　もう王《おう》・長嶋《ながしま》の時代は終わったんだよ。

小林　そうすると、もしかして、毎日とか、東京新聞とかも……。

志位和夫守護霊　だから、「赤旗」の時代だって言ってんじゃないの！

小林　要するに、「昔の『人民日報』や旧ソ連の『プラウダ』みたいに、『赤旗』一紙だけあればいい」ということですね。

志位和夫守護霊　三千何百万戸か知らんけど、各家庭に「赤旗」を全部入れます。

小林　ああ、全戸に「赤旗」を入れればいいと。

志位和夫守護霊　日刊で入れます。

小林　日刊で入れると。

志位和夫守護霊　まあ、軟派《なんぱ》は、一部、朝日新聞を取ることがあるかもしれないけれども、硬派《こうは》は「赤旗」だけしか取らない。全国紙になるわけですよ、「赤旗」がね。

小林　「赤旗」を全戸に入れるわけですね。

志位和夫守護霊　うん。全国紙にするわけ。

志位委員長守護霊が考える「ブラック企業《きぎょう》」の改善策

綾織　今、選挙戦のなかで、共産党は、いろいろな会社を「ブラック企業《きぎょう》」として批判しています。

志位和夫守護霊　ああ、産経新聞なんかもブラック企業だよ。

綾織　（苦笑）一般《いっぱん》的な企業の話をしたいのですけれども。

志位和夫守護霊　ああ、そうですか。

綾織　そういう、いわゆる大企業批判を進めていったときに……。

志位和夫守護霊　やっぱり、搾取《さくしゅ》してるからねえ、弱い人たちとかねえ。ブラック企業は、そういう、非正常雇用《こよう》じゃない、なんて言うの？　その、アルバイトの人たちを、すごく、いじめて痛めつけてるから、あのへんを、ちょっと改善せないかんわね。

NHKだって、ブラック企業かもしれない。なんか、正規じゃない怪《あや》しげなところに、いっぱい下請《う》けに出して、安くつくろうとしてるからねえ。

綾織　その「改善」というのは、どのようにやっていくのですか。

志位和夫守護霊　ええ？

綾織　何をしていくのでしょうか。

志位和夫守護霊　だから、ちゃんと正規の給料で雇《やと》わなければ、仕事させないようにしなきゃいけないよね、全部ね。

綾織　全部、正規の給料で？

志位和夫守護霊　「今、四割ぐらいは、そういうふうなアルバイト、ないし、非正規雇用になってきてる」っていう噂《うわさ》じゃないですか。まあ、正確には分からないけどもさあ、それはねえ、経営者側の論理で実質上の賃下げをやってるわけですから、ちゃんと戻《もど》さなきゃいけないですね。

「人間の能力は同じ」が最低賃金論の根底にある考え

小林　あなたのおっしゃるように、そうやって給与《きゅうよ》水準、最低賃金水準を上げると何が起きるかというと、失業率が跳《は》ね上がるんです。

志位和夫守護霊　そんなことはない。上の給料を下げりゃ、それで済むことだから。普通《ふつう》に問題ない。

小林　だから、それはね。経済に対して強制行為《こうい》を働かせないかぎり、つまり、この日本の国を百パーセント社会主義国家にしないかぎり、失業率は間違《まちが》いなく跳《は》ね上がりますよ。

志位和夫守護霊　人間の能力はね、君ぃ、基本的に一緒《いっしょ》なのよ。イコールなのよ。それは、〝神様〟も、マルクスも言ってることであって、みんな、人間の能力はみんなイコールで、一部、共産党のエリートだけがちょっと違《ちが》う。それ以外は一緒なんだよ。

小林　それを今の給料論に翻訳《ほんやく》すると、要は、「真面目《まじめ》に一生懸命《いっしょうけんめい》働いた人から、がっぽりお金を搾取して、ばら撒《ま》く」ということですよね、簡単に言えば。

志位和夫守護霊　だからねえ、朝日新聞みたいな、弱者の味方のふりをして、（年収）一千五百万も取ってるようなのがゴロゴロいるようなところは、やっぱり、すり潰《つぶ》さないといかんわねえ。給料を三分の一以下に圧縮しなきゃいけないよね。それをちょっと、「赤旗」に回させないといけないですね。

小林　うーん。

綾織　日中軍事同盟ができた体制では、朝日新聞もなくなるわけですけれども……。

志位和夫守護霊　いや、要するに、中国の基本賃金レベルに、全部、変わるから、今だったら、十分の一、ないし、八分の一ぐらいにはなるわなあ。

綾織　そのときに、個々の企業は生き残っているのですか。

志位和夫守護霊　ん？　もちろん、共産党員であれば生き残っとるはずですよ。

綾織　共産党員になって、それぞれの企業が存在していると？

志位和夫守護霊　うん。だから、中小企業であっても、社長だったら、共産党の、その地区の幹部でなけりゃいかんだろうねえ。

綾織　はいはい。

志位和夫守護霊　幹部なら大丈夫《だいじょうぶ》だ。
共産党の経済政策は「給与《きゅうよ》水準十分の一」で「平等な生活」？

小林　そうすると、基本的に、日本人の給与《きゅうよ》水準を、今の十分の一、ないし、二十分の一ぐらいに落とすわけですね。

志位和夫守護霊　いや、二十分の一までは落ちないよ。

小林　では、今の話からすると、「十分の一に落とす」ということですね。

志位和夫守護霊　うーん、まあ、いや、中国も成長してるから、五分の一ぐらいまで来るかもしれない。

小林　五分の一でもいいんですけれども、「五分の一なり十分の一なりに落とす」ということですね。

志位和夫守護霊　そのくらいに落とせば、だいたい、みんな平等な生活が送れるんじゃないかな。

小林　ああ、それが、共産党の経済政策だと。

志位和夫守護霊　だから、無駄《むだ》なことに使いすぎてるわけですよ。そのへんは、ちょっと、無駄金が多すぎるからさあ。

「全国民に対する資産のフラット化」が目的

綾織　それで、「税金を取って分配する」という、社会保障的なものをやっていくわけですね。

志位和夫守護霊　それはそうですよ。でも、再分配なんていうのも、生っちょろい。ああいう生っちょろいもんじゃなくて、最初から、もう、一緒にすりゃあいいんであってねえ。

綾織　全部一緒にすれば、分配も必要ない？

志位和夫守護霊　「金持ちから取って、ばら撒く」みたいにやるから印象が悪いわけでねえ、ああいうことをしないで、もう最初から一緒にすりゃあ、それで終わりなのよ。

綾織　ああ、なるほど。

志位和夫守護霊　基本的に、等級だけ、ちょっと決めてね。まあ、いちおう、等級は少しあるかもしらんけども、一緒にすりゃあいいわけよ。だから、国家公務員と一緒だ。民間は、全部、国家公務員と一緒にすりゃあいいわけよ。

小林　今の話は、「フローの、月々の給料だけではなく、要するに、個人のストック（資産）についてもフラットにすればいい」ということですよね。

志位和夫守護霊　私らは、不正を許さないのよ。財務省みたいなところはさあ、君ねえ、ほかの省庁に残業手当が出てないときでも、自分たちだけ、ちゃーんと付けてるだろう？　そして、年収を倍ぐらいにしている。こういう不正を許さない！（机を叩《たた》く）正義の政党なんだよ。

小林　そういう虫眼鏡《めがね》で見るような話は、ちょっと横に置いておきまして、今おっしゃった、「全国民に対する資産のフラット化」は、かつて、中国でも旧ソ連でもできなかった究極の共産主義ですよ。

志位和夫守護霊　いや、全部、資産を巻き上げますよ。

小林　ああ、全部巻き上げるわけですね。

志位和夫守護霊　個人資産なんか与えませんよ。

小林　与えないと。

志位和夫守護霊　だからねえ、福島を、みんなが同情して、仮設住宅だから困るだの何だの言ってるけど、あれは問題で、福島の状態が普通なんですよ（会場どよめく）。あれが普通で、みんな仮設住宅に住まなきゃいけないんです。

ああいうふうな、政府がつくった公営住宅に、みんな住んで、個人の豪邸《ごうてい》なんか持ってるやつは、全部、没収《ぼっしゅう》するんです。

小林　けしからんと。

志位和夫守護霊　そして、それをカネに換《か》えて、そのカネを、いろいろなところで自由に使うんですよ。

守るべき〝教祖〟の教えは「私有財産の否定」

小林　今おっしゃったすごい話が、「実は、真面目に、本気で言っているのだ」ということを読者の方々に理解していただくために、少し、身近な質問をさせていただきたいんですけれども。

志位和夫守護霊　うん。

小林　私が聞いている話によりますと、今、「あなた」が、つまり、地上の肉体のほうの志位さんが毎日着ている背広は、個人の所有ではなく、「共産党所有のものを借りて着ている」と。

志位和夫守護霊　ああ、〝人民服〟かなあ、あれ。

小林　つまり、公《おおやけ》の場に出るときには、さすがに、少しは格好をつけなければいけないので、名前を出しては悪いかもしれませんが、「『洋服の○○』で買ったような背広を着るわけにはいかない」ということで、「個人所有の背広は一着もなく、全部、共産党に買ってもらい、共産党の財産のものを着ている」という話を聞いたのですが、それは事実ですか。

志位和夫守護霊　うーん。まあ、共産党は、一切《いっさい》の税金（による補助）を拒否《きょひ》しているからねえ。全部自前でやってる立派なところだから、私有財産は否定してるんですよ。基本的にね。だから、私有財産を否定してるから、まあ、全部、共産党のものなんです。

小林　そうですね。

志位和夫守護霊　うん。だから、私の肉体も、私の妻も、みんな共産党のものなんだよ（会場笑）。

小林　それって、完全に「マルクス」ではないですか。「マルクス」を全然捨てていませんよ。

志位和夫守護霊　ん？　基本的に、〝教祖〟の言うことは守らないといかんのだよ。

小林　つまり、いまだに〝教祖〟を信奉《しんぽう》しているんですよね。

志位和夫守護霊　うん。まあ、それはそうだわな。

小林　分かりました。ありがとうございます。

志位和夫守護霊　ま、時代性をちょっと加味しなきゃいかんということはあるわな。

「共産党本部をクレムリン化したい」という本音

綾織　先ほど、「お金持ちの豪邸を没収して、それをお金に換える」とおっしゃっていましたが、何に使うのですか。

志位和夫守護霊　やっぱりねえ、共産党本部を「クレムリン化」しなきゃいけないよな。まずはね。

綾織　ああ、そうですね。代々木《よよぎ》のビルだと少し小さいですね。

志位和夫守護霊　ああ、今、ちょっと小さすぎるわねえ。代々木のあんな小さいのでは、なめられるおそれがあるからさあ。あれじゃあ、なんか、幸福の科学の総合本部と大して変わらないじゃないか、大きさが。

小林　その発想は、ほとんど、昔の封建《ほうけん》領主と変わりませんね。

志位和夫守護霊　そんなことはありませんよ。この国を統治するんですから。あんな、「幽霊《ゆうれい》が出る」とか主張するところには入れませんよ。首相公邸だか官邸だか知らんけども（『「首相公邸の幽霊」の正体――東條英機《とうじょうひでき》・近衛文麿《このえふみまろ》・廣田弘毅《ひろたこうき》、日本を叱《しか》る！――』〔幸福の科学出版刊〕参照）。

小林　結局、「自分たちが儲《もう》けるための手段だった」ということになるわけですね。

志位和夫守護霊　やっぱり、クレムリンみたいな、ああいう立派なお城みたいなのが建つと、君たち、かっこいいと思わないか？　日本の大統領府みたいな感じで建ってさあ、共産党政府が出来上がる。もう国民は、旗を振《ふ》って、歓喜《かんき》して広場に集まってる。いい感じだな。代々木の競技場あたりがいいなあ。あのあたりを広場にして、〝クレムリン〟を建てる。

小林　うーん。分かりました。

志位和夫守護霊　お金が要るのよ。お金が要るから、やっぱり、豪邸とかを接収しなきゃいかん。

小林　つまり、自分たちにお金が要るわけですよね。

志位和夫守護霊　うん、うーん。

権力や財産を手に入れる「手段」としての共産主義

小林　そこをはっきり認めてくださいよ。つまり、何を言っているかというと、以前、毛沢東《もうたくとう》という人を、ここ（総合本部）にお呼びしたんですよ（『マルクス・毛沢東のスピリチュアル・メッセージ』〔幸福の科学出版刊〕参照）。

志位和夫守護霊　ああ、そうなの？

小林　そのときに……。

志位和夫守護霊　そんなところなの？　ふーん。

小林　そうです。それで、毛沢東が何と言ったかというと、「はっきり言って、錦《にしき》の御旗《みはた》なんか、『社会主義』だろうが、『共産主義』だろうが、『封建主義』だろうが、何でもよかったんだ」ということでした。

要するに、「権力が握《にぎ》れて、財産が手に入ればいい。『その時代において、人民なり兵隊なりを従わせるのに何がいちばん効果的なのか』を考えて、たまたま共産主義を選んだだけの話であって、主義主張なんか、どうでもよかった。それは手段だったんだよ。自分が権力者になることが目的だったんだ」ということを毛沢東は言っていたのですが、今、おっしゃっていたことは、それとほとんど同じですよね。

志位和夫守護霊　ああ、毛沢東さんは、たぶん、ここで「催眠術《さいみんじゅつ》」にかけられたんだろうな。宗教も一種の催眠術を使うので、やっぱり、それを見抜《ぬ》けなかったところが、ちょっと、うかつだったよな。

小林　いや、「『クレムリンを建てたい』というところが、その表れだ」と申し上げているわけです。

志位和夫守護霊　だいたいね、抗日《こうにち》戦線だろうが、そういう敵さえつくれば、あとは一切の不満は消えるのよ。だから、敵をつくることが大事なんで、われわれも、やっぱり、敵を必ずつくり出して、それを迫害《はくがい》することによって、団結を維持《いじ》するからさ。

君たちは、そういうふうにならないように気をつけるんだよ。

かつて綱領草案《こうりょうそうあん》にあった「君主制の廃止《はいし》」についての見解

綾織　共産党政権の将来図について、少しお伺《うかが》いしたいのですけれども……。

志位和夫守護霊　もっと、クレムリンの先が訊《き》きたい？

綾織　まあ、クレムリンとも関係があるのですが、日本共産党は、かつて、クレムリン（ソ連共産党）のほうから「綱領草案《こうりょうそうあん》」というものをもらって……。

志位和夫守護霊　うーん、それは……。（舌打ち）まあ、うるせえ評論家が、ちょっと、そんなことを言うとったかもしらんけれども。

綾織　それに基《もと》づいてやってきたわけですけれども、そのなかに、「君主制の廃止《はいし》」というものがあります。

志位和夫守護霊　うーん。それは万国共通だよな。

綾織　万国共通で、それをしなければならないわけですか。

志位和夫守護霊　そんなものは、もう時代遅《おく》れだわな。

綾織　時代遅れ？

志位和夫守護霊　君主制なんていうものは、時代遅れだわな。

綾織　これは、現在の綱領のなかにはないのですが……。

志位和夫守護霊　自民党が今、間違った憲法改正に走ってるから、必死で戦ってるんじゃない。

綾織　自民党は天皇を憲法上で元首にしようとしていますよね。

志位和夫守護霊　だから、もう時代遅れで、タイム・マシンで七十年前に戻そうとしてるからさ。あんな、今さら元首をつくって、元首制ったって、あれは君主制だよ。どう見たってな。こんなもん、おかしいよ。

共産党政権が最初にするのは「天皇の絞首刑《こうしゅけい》」

小林　はっきり言って、「君主制の廃止」というは、「天皇制の廃止」のことですよね。

志位和夫守護霊　そんなの当たり前だろうが。当ったり前じゃない。共産党が日本を乗っ取ったら、いちばん最初にやるのは、それだ。

綾織　いちばん最初にやるんですか。

志位和夫守護霊　宮城《きゅうじょう》（今の皇居の旧称《きゅうしょう》）前での絞首刑《こうしゅけい》ですよ。それは、絶対、間違いないですよ。

綾織　絞首刑にすると？

小林　絞首刑？　これは初めて聞きました。

志位和夫守護霊　絞首刑ですよ。当ったり前ですよ。

小林　「絞首刑が当たり前」ですか。これは、今回の最大のスクープかもしれません。

志位和夫守護霊　宮城前にはねえ、見学者が、五万や十万は集まりますからねえ。テレビ局を全部集めて、もうライティングして、やりますよ。絞首刑ですよ。それを絶対に中国共産党はやりますよ。

小林　いずれにしても、天皇陛下は絞首刑にされるわけですね。

志位和夫守護霊　そりゃそうでしょう。

小林　分かりました。

志位和夫守護霊　本来は、七十年前に、そうなってなきゃいけないもんですから。それが、残留してるだけですから。

高間　それは天皇陛下だけではなくて、皇族も全部ですか。

志位和夫守護霊　だからねえ、皇室費だか、宮廷《きゅうてい》費だか、内廷《ないてい》費だか、そんな細かいことはよく知らないけどさあ、ああいう貴族が現代にあるっていうのは許せないことですよ。

やっぱりねえ、みんな平民でなきゃいけないんです。共産党には、試験とか、いろいろな競争で選び抜かれたエリートが一部いてもいいけども、一般に、全員が同志なんだから、ああいう貴族制は廃止！　もう、これは完全です。

6　共産主義の「欠陥《けっかん》」とは

ソ連が負けたのは、「ゴルバチョフの能力が低かったから」？

高間　そうすると、みんな貧しくなって、だんだん不平不満が出てくると思うんですけれども。

志位和夫守護霊　いや、貧しくならない。そういう貴族を残しとくから、貧しい農奴《のうど》がソ連なんかにもいたわけですよ。貴族を廃止《はいし》することによって、みんな平等になって、やる気がモリモリ出てくるんですよ。

小林　旧ソ連にやる気がモリモリ出てきましたか。

志位和夫守護霊　うん。もう出て出て……。

小林　いやいや。ごまかさないでください。誰《だれ》もがやる気を持たなくなってしまったから、ゴルバチョフが改革をやったんでしょう？

志位和夫守護霊　いやあ、ゴルバチョフが出てくるまでの間に、すごーく発展したでしょう？　世界の大国になったんじゃないの？（アメリカと）ナンバーワン戦をやったんじゃない。

小林　それでガタガタになり、アメリカには勝てなかったのでしょう？

志位和夫守護霊　いや、ゴルバチョフの能力が低かっただけの話です。個人的に。

小林　いえいえ。旧ソ連が負けたのは、ゴルバチョフ個人の決断もさることながら、背後にいた共産党の人たちと、特に旧ソ連軍のほうから、「わが国の、このズタズタの経済力では、アメリカには敵《かな》いませんので、もう手を引かせてください」とゴルバチョフに上申して、最終的にあのような決断になったんです。ですから、これは個人ではなく国の問題なんですよね。

志位和夫守護霊　アメリカだって、四十パーセント、五十パーセントの軍事費を使ってんだから、ソ連だって、どうせ半分を超《こ》えとったに違《ちが》いないだろうからさあ、それは食っていけなくなる時期もあるだろうよ。だから、ちょっとの手違いで、何年かの差で負けたんだよ。ただ、それだけのことさ。

ケネディが巻き返したあたりからが、ちょっと、あれだったんだと思うんだよなあ。

小林　ああ、そういう認識ですね。

志位和夫守護霊　うん。ケネディがあんなに頑張《がんば》らなかったらねえ、絶対、ソ連優勢《ゆうせい》で突《つ》っ走って、アメリカは負けてるよ。
だから、あのへんでちょっと巻き返しをかけられたのが、ちょっと問題だったんだ。

小林　そういう認識なんですね。

志位和夫守護霊　人工衛星もソ連のほうが先だったし、重化学工業は、もう、絶対にソ連のほうが上だったんだからね。

小林　その考え方は、志位さんと日本共産党の命取りになるかもしれないですね。

志位和夫守護霊　そうかねえ。

小林　「もしかしたら、旧ソ連は勝てたかもしれない」という論理と……。

志位和夫守護霊　勝てた可能性は極《きわ》めて高いよ。

小林　「日本共産党が発展し、この国で権力を握《にぎ》ることができるかもしれない」という論理はパラレル（平行）ですから。

志位和夫守護霊　うーん。

小林　実は、旧ソ連の勝利の可能性は、アブソルートリィ（まったく）になかったですからね。

志位和夫守護霊　そんなことはない。そんなことはありえない。

小林　そもそも、あなたの好きな「理論的に」勝てないので。

志位和夫守護霊　君ねえ、レーガンは「双子《ふたご》の赤字」を抱《かか》えてたんだから、あれは、もう、ほんと紙一重《ひとえ》で勝ったんであって、判定勝ちなんだよ。紙一重だったんだよ。アメリカも、もう沈没《ちんぼつ》する寸前だったのよ。

小林　うーん。ソ連が消滅《しょうめつ》したのは、〝魂《たましい》〟が中国に移動したから？

志位和夫守護霊　（高間に）ＮＨＫ、なんだ？　何か言いたいのか？（注。高間はＮＨＫの出身）

高間　マルクス主義によれば、資本主義が行き詰《づ》まって、共産革命が起きるわけですが……。

志位和夫守護霊　そのとおりなんだ。

高間　歴史的には、逆に、ソ連のほうが行き詰まったわけでしょう？

志位和夫守護霊　いや、リーマン・ショックで、それは証明されたじゃないか。リーマン・ショック、それから、三重野《みえの》ショックで、もう、みんなが全部、証明してるじゃないですか。

高間　では、ソ連の消滅《しょうめつ》を、どのように説明されるのですか。

志位和夫守護霊　ソ連の消滅はねえ、それはねえ、まあ、ソ連は中国に移動したんだよ、魂《たましい》が。

高間　あなたは魂を認めていないじゃないですか（会場笑）。

志位和夫守護霊　うん、うん。

高間　魂なんかないんでしょう?

志位和夫守護霊　個人にはないけど、国家には魂があるんだよ。

共産主義が農業国だけにしか広がらなかったのはなぜか

小林　ロシアもそうだったんですけれども、基本的に、共産主義は、農業国においてのみ、一部、広がっただけでした。その点については、どう説明されますか。

志位和夫守護霊　まあ、これは、ちょっと歴史の不思議ではありますねえ。

小林　そうですよね。

志位和夫守護霊　なんで、そんなことが起きたのかねえ。

小林　一見、工業国で行けそうに見えながら、結局、広がったように見えたのは農業国だけでした。

志位和夫守護霊　まあ、それは、平等が成り立ちやすいからなあ。

小林　いやいや、この疑問が解けなかったら、「共産主義の勝利」というのはないんですよ。

志位和夫守護霊　うーん。だから……。

小林　あなたは、今、その答えを持っていないでしょう？

志位和夫守護霊　おまえの言いたいことは、分かってるよ。「工業やサービス産業においては、生産性に差が出る」と言いたいんだろう？「だから、平等にならない」と言いたいわけでしょう？「生産性の差は、儲《もう》けの差に変わる」って言うんだろ？「だから、そういう社会がいい」って言うんだろ？

だけど、貧富《ひんぷ》の差が激しくなって、小泉《こいずみ》政権は退陣《たいじん》に追い込《こ》まれたんだから、ちゃんと共産主義は生きてるのよ。

小林　いえいえいえ。それは、言論の統制といいますか、その後の大手マスコミの誘《ゆう》導《どう》によって倒《たお》されたところが大きいわけですが、その議論をやり出すと長くなりますので（笑）。

高間　小泉政権が倒れて、その後、民主党政権になり、共産革命が近づいたように見えたものの、その民主党政権が倒れたじゃないですか。

志位和夫守護霊　資本主義は行き詰まって、どんどん、元へ戻《もど》ってきてるわけ。

高間　では、民主党政権が倒れたのは、どういうわけなんですか。

志位和夫守護霊　行き詰まってきたんだ。だんだん、行き詰まってきたんだよ。まもなく、行き詰まっていくんだよ。面白《おもしろ》いじゃないか。NHKも、もうすぐ、受信料が取れなくなって倒れるよ。面白いぞ。巨象のように倒れていくのは面白いぞお。

高間　NHKが倒れるのはいいんですけどね。

国民が平らにすり潰《つぶ》される「共産主義の平等思想」

小林　話を元に戻しますけれども、結局、「産業においては、一般《いっぱん》的に、マネジメントの違いによって生産性に差ができ、その違いによって生産性の向上が起きるのだ」

ということを、マルクスもレーニンも、いわんや、あなたも見抜《ぬ》けなかったところが、共産主義の最大の欠陥《けっかん》ですね。

志位和夫守護霊　それはね、違う、違う。それだと、「人間は平等でない」っていうことを認めることになるから。

小林　「人間は、生まれにおいては、チャンスにおいては平等だけれども、その努力に応じて、結果が公平に処遇《しょぐう》される」というのが、神の定めた真理です。その神の真理に対して、最大の嫉妬《しっと》をしたのがマルクスだったんですよ。

志位和夫守護霊　いやいや。神の教えにいちばん近いのがマルクスであり、共産主義なんですよ。〝神様〟には、すべてが平等に見えてるんですから。万人《ばんにん》が平等なんですから。

小林　そうおっしゃるのなら、その〝神様〟とは、いったい、どういう神様なのですか。

志位和夫守護霊　それは、アッラーの神みたいな神だろうねえ。

小林　（笑）

志位和夫守護霊　国民が、みんな一緒《いっしょ》に見えるんだから。

小林　要するに、蟻《あり》んこみたいにベターッとね。

志位和夫守護霊　自分一人だけ偉《えら》くて、あとは、みんな一緒なんだから。

小林　ピザパイのように、ベターッと平らにすり潰《つぶ》されるわけですね。

志位和夫守護霊　まあ、そういうことかもしらんけど、ピザパイが熱くておいしけりゃいいわけよ。

小林　そういうことを言いたいですね。

「霊界《れいかい》の存在」を否定する志位委員長守護霊

綾織　ところで、あなたは、普段《ふだん》、どういう方と話をされていますか。霊界《れいかい》にいらっしゃるはずなんですけれども。

志位和夫守護霊　「普段」って何？　「普段」って、どういうこと？

綾織　霊でいらっしゃいますよね？

志位和夫守護霊　街宣してるんじゃないの？　何言ってるの。

綾織　街宣して、地上の人としか、話をしていないのですか。

志位和夫守護霊　ああ、テレビにはよく出てるよ。忙《いそが》しいよ。テレビも忙しいよ。うんうん。何？　それ以外、何があるわけ？

綾織　霊界にいらっしゃるはずですが。

志位和夫守護霊　そんなもん、あるわけないだろ。霊界なんか……。あんたねえ、マルクスは、そんなこと絶対に言ってないからさあ。うーん。霊界なんか、あっちゃいけない。

だから、あんたら宗教はねえ、先祖供養《くよう》とか言うて、「霊界があって、先祖供養がある」っていう嘘《うそ》を、虚構《きょこう》をこしらえて、金儲《もう》けのシステムをつくり上げてるけど、これが、いちばん、金を抜《ぬ》いてるんだ。〝生き血〟を。これを止《と》めなきゃいけない。
これを止めて、その金を庶民に流さなきゃいけない。国税庁も意見は一緒だ。

宗教を否定しつつ、正統性を『聖書』に求める矛盾《むじゅん》

小林　ただ、「マルクスの思想は、『旧約聖書』の千年王国の理想を換骨奪胎《かんこつだったい》したものだ」というのは、ほぼ立証されていますよ。

志位和夫守護霊　うーん。

小林　だから、意外と宗教的というか、「自分が神様に成り代わりたかっただけだ」というのが、マルクス主義ではないのですか。

志位和夫守護霊　うーん、うーん、うーん……。まあ、ユートピア思想があったことは事実だ。うん。欧米《おうべい》にもユートピア思想の流れがあったから、その流れのなかにあ

ることは事実ではあるけどもね。まあ、そらあ、そうだ。

小林　さきほど、あなたの言う〝神様〟について、「いったい、どういう神様ですか」と訊《き》きましたが、それは、『努力してもしなくても結果が同じなら、人々は努力・精進《しょうじん》をやめて、堕落《だらく》の一途《いっと》を辿《たど》る』という現実に対し、『よくない』と言うのが正しい神様なのか。それとも、そちらに誘惑《ゆうわく》して人々をますます堕落させるのが、神様なのか」という判定の問題なのです。

志位和夫守護霊　ああ、それはねえ……。

小林　歴史上は、前者のことを「神様」と言い、後者の誘惑する人のことを「悪魔《あくま》」と言うんですよ。

志位和夫守護霊　君、君、君の声は、もう、ほとんど聞こえないんだけども、想像するに、君は、なんか、神様の話をしてるらしいから言うが、『旧約聖書』にはですなあ、カインとアベルの話があるんだよなあ。兄と弟の嫉妬関係の問題があって、「神様は、いい貢《みつ》ぎ物を持ってきたほうを顧《かえり》みないで、いい貢ぎ物を持ってこなかったやつのほうを愛された」っていう話が出てるらしい。

それは、結局のところ、「『貢ぎ物の多さ少なさの問題でなくて、人間は平等なんだ』っていうことを、神様は言いたかった」っちゅうことだから、聖書学的に言っても、共産主義は正しいんだよ。

小林　ハハハ。

志位和夫守護霊　ハハハハハハ。

小林　「ハハハ」って、どういう意味かと言いますと、実は、「『聖書』を勉強されていない志位さん（守護霊）に、聖書学の〝講義〟を受け、それに対して、私がまた聖書学の話をする」という構図が、あまりにおかしくて、今、笑ってしまったのです。

志位和夫守護霊　なるほど。

小林　その話は、「地上にいる人間にとって、神の御心《みこころ》や神仕組《かみしく》みなどには、なかなか分かりがたいところがある」ということを言っているのです。あなたの解釈《かいしゃく》は、「マルクスは、『自分自身が、神の覚《おぼ》えがめでたくなかった』ということに関して嫉妬し、その嫉妬の合理化として、マルクス経済学をつくった」という事実を、ごまかすためのものにしかすぎません。

共産主義者には、今のキリスト教は邪教《じゃきょう》に見える？

志位和夫守護霊　じゃあ、経済学のもとは……。

小林　そういう、すり替《か》えをしないでいただきたいですね。

志位和夫守護霊　あのー、二千年前に、イエスが言った言葉にも、原因はあるわけだからさあ。「金持ちが天国に入るのは、ラクダが針の穴を通るより難しい」と言ったのはイエスであって、「貧しき者が救われる」と言ったのも、イエスなんだからさあ。

綾織　原始キリスト教のなかに、富の考え方が欠けているのは、そのとおりですね。

志位和夫守護霊　だったら、キリスト教を批判してくださいよ。

今のキリスト教は、みんな邪教《じゃきょう》ですよ、みんな狂《くる》ったんだ。イエスの教えから外れた。正しいのはマルクスだけなんだ。

小林　いいですか。だから、近代になって、時代性に合わせて宗教改革が起きたわけでしょう?

志位和夫守護霊　つまり、「金儲け教」に走ったんだろ？　イエスの教えを捨てて。だから、キリスト教ではない。旗を下ろすべきだよ。

小林　金儲けに走ったのではなくて、繁栄《はんえい》の道を歩んだわけでしょう？

志位和夫守護霊　だからね、そういう〝インチキ〟は駄目《だめ》なのよ。なあ。

高間　だからと言って、「金持ちから奪《うば》い取ってよい」とは、『聖書』は教えていませんよ。

志位和夫守護霊　宗教は、もう、空中からパンを取り出して、みんなに配ったらいいのよ。できんかったら、（宗教を）やめたらいいの！　空中から、魚とかパンとかを取り出して、みんなに配れたら、それでいいの！

「プロレタリアートに対する独裁」が共産主義の本質

小林　話のすり替えをしないでください。共産主義は、要するに、「人からものを奪って、それを自分の懐《ふところ》に入れる」「一部の党エリートが、人民から搾取《さくしゅ》して、自分のポケットに入れる」という、それだけのことですよ。

志位和夫守護霊　どこが？

小林　それの合理化と正当化のために、いろいろと理論をバーッと並べておられるけれども……。

志位和夫守護霊　君ねえ、そういうねえ、宗教によって騙《だま》されちゃいけないよ。君ねえ、間違えた……。

小林　いや、これは、宗教の……。

志位和夫守護霊　あのねえ、われわれの考え方はねえ、国家公務員の考えと一緒なんだよ。「能力が高いのに安い給料で抑《おさ》えられて、民間のほうは三倍もある。これは不公平じゃないか」と、公務員は、みんな思ってますよ。これだったんですよ。

小林　今、私は、宗教のことを申し上げたのではなく、ロシア革命のとき、レーニンを批判する側にいた人たちが言ったことなのです。

レーニンの言っている、つまり、あなたの言っている「プロレタリアート（労働者階級）独裁」は……。

志位和夫守護霊　うん。そうだ。いいことだ。国家の消滅！　うん。

小林　一九一七年、革命が起きたとき、レーニンを批判する側の人たちは、こう言ったんですよ。「『プロレタリアート独裁』と言いながら、彼らのやろうとしていることは、実際には、『プロレタリアートに対する独裁』である。自分たちが独裁し、人民を支配するための手段・道具として、口の上で、きれいごとを言っているにすぎないから、気をつけたほうがいいぞ」と。私は、その言葉を引用しただけです。

志位和夫守護霊　うーん。ちょっと、君の言い方はよく分からないなあ。「万国のハッピー・サイエンス（幸福の科学）の会員よ、団結せよ！」「大川総裁の命令一下《いっか》、全世界同時革命を起こそう！」と言っているのは、マルクスが乗り移ってるんだよ。たぶんねえ、ハッピー・サイエンスの神は、マルクスだよ。

綾織　違います。私たちは、マルクスの逆をやろうとしているのです。

7 「結果平等」がユートピアなのか

幸福実現党を「ゴミ」と罵《ののし》る

綾織 「世界同時革命」という話が出たので、ちょっと、お伺《うかが》いしたいのですが、幸福実現党というのは……。

志位和夫守護霊 要《い》らないよ。要らない、要らない、要らない、要らない、要らない。ゴミ、ゴミ、ゴミ。

綾織 マルクスの「共産党宣言」を引っ繰《く》り返すことを、目的の一つとして生まれたものです。

志位和夫守護霊　ああ、ゴミ。そらあ、マルクスに憧《あこが》れてるっていうか、嫉妬《しっと》してるのよ。ここは〝嫉妬の科学〟なの。

綾織　違《ちが》います。マルクスの間違いを正すために、今、立ち上がっているのです。

志位和夫守護霊　マルクスに嫉妬してるの。あんまり有名だから、うらやましいんだ。

綾織　結局、幸福実現党の考え方を一部取り入れて、今、安倍《あべ》政権や自民党が復活しているわけなので、志位さんが、「自民党と共産党との対決」ということを言っている背後には、やはり、幸福実現党があるわけですよね？

志位和夫守護霊　いや、「安倍の腹痛を治した」っていうなら、自慢《じまん》してもいいよ。君たちの祈願《きがん》で「安倍の腹痛が治った」っていうなら、そらあ、君らには力があるよ。

綾織　それは、もしかしたら、一部あると思います。

志位和夫守護霊　「薬で治った」っていうなら、どうしようもないじゃない。唯物論《ゆいぶつ》じゃないか。

綾織　私たちの考え方の影響《えいきょう》があると思います。まあ、幸福実現党、あるいは幸福の科学でもいいんですけども……。

志位和夫守護霊　いや、ゴミなんだからさあ。君たちは、政党でもないんだからさあ。もう、君らの、幸福実現党のシンパである産経新聞でさえ、「ゼロ議席」と確定してるぐらいなんだから、もう、救いようがないじゃん。

綾織　いえ、別に確定しているわけではないです。

志位和夫守護霊　もう、救いようがないじゃん。もう、地獄《じごく》の底じゃん。

高間　マルクスは、孤独《こどく》のなかで、さみしく死にましたよ。

志位和夫守護霊　ああ、まあ、それはなあ……。

高間　でも、そこから世界の半分まで広がりました。

志位和夫守護霊　まあ、英雄《えいゆう》には、そういう死に方をする場合も、たまにはあるんだな。

高間　未来は、分からないではないですか。

志位和夫守護霊　うーん。君らは、地獄の底であがいてるわけだから、助けてほしいんだろう？　共産党がうらやましいんだろう？

高間　いや、国民の支持は、徐々《じょじょ》に、宗教の側についてきていますよ。

志位和夫守護霊　嫉妬してるんだろう？　なあ？　大川隆法は、志位に嫉妬してるんだろう？「しまったあ。法学部なんか行かずに、工学部に行って、志位先輩《せんぱい》についとれば、今、出世できてたかもしらん」と、こう嫉妬してるわけだ。

「結果平等」で愚民《ぐみん》化を進めるのが共産主義の本質

小林　周辺の枝葉論に逃《に》げられてしまったので、議論の本質に戻《もど》したいのですが。

志位和夫守護霊　うん。そうかあ。まあ、いいよ。

小林　私がお訊《き》きしたかったのは、要するに、「結果平等を求めたら、人間は堕落《だらく》しますよ」ということに対して、それを受け止めるのか……。

志位和夫守護霊　いや、「結果平等」こそ、ユートピア実現じゃないですか。

小林　それとも反抗《はんこう》するのか、どちらの立場に立つかで……。

志位和夫守護霊　いや、「結果平等」がユートピアの実現ですよ。

小林　あなたは、そういう立場に立っているわけですね。

志位和夫守護霊　全国の国民が同じように生活できたら、これが、ユートピアの実現ですよ。

小林　そうすると、誰《だれ》も努力しなくなって、人間は動物並みの存在になり……。

志位和夫守護霊　え？　もう、みんなが努力した結果、みんなが豊かな暮らしができるようになる。これがユートピアだ。

小林　それは、共産党による愚民《ぐみん》化政策であって、実は、「自分の頭で考えず、努力しない人たちを支配するのが、共産主義の本質だった」ということです。

志位和夫守護霊　私に政権を任してみなさい。鳩山《はとやま》と違うところを見せてあげますから。

小林　ほお。

「共産主義の成功例」は世界中に一つもない

高間　かつて、京都府に、蜷川虎三《にながわとらぞう》という共産党系の知事がいました。

志位和夫守護霊　（舌打ち）蜷川ね。

高間　あの知事の時代、京都府の教育水準は下がり続け、目茶苦茶《めちゃくちゃ》になって、京都の人たちは、たいへんな迷惑《めいわく》を受けましたよ。

志位和夫守護霊　だから、ユートピアをつくろうとしたんだよ。「京都の人は、勉強なんかする必要はない」と。

高間　また、東京にも、昔、美濃部亮吉《みのべりょうきち》という、共産党の支援《しえん》を受けた都知事がいました。

志位和夫守護霊　（彼も）ユートピアをつくろうとしたのね。過当競争をやめようとしたのね。

高間　あのときも、都立高校のレベルが徹底的《てってい》に下がり、みな、私立学校を受験するために、塾《じゅく》に行かなければいけなくなりましたよ。

志位和夫守護霊　そうなんですよ。勉強して、東大なんか行くと、あなたみたいな、性格のひねくれた人間ができるから、そういうふうにしないようにユートピア社会をつくろうとした。

高間　地方自治レベルでは、どこも、共産党系政権の痛い目に遭《あ》っているのに、それを忘れています。そういうところに、今の日本の問題があると思うのです。

志位和夫守護霊　いや、エリートもいるわけ。共産党のエリートには、私みたいのもいるわけだから、一部、成功する場合もあるわけよ。

高間　いや、一度も成功していないのです。

志位和夫守護霊　一部、ゴミもできるけども、成功するエリートも出てくるわけよ。

高間　革新系首長による自治体運営は、全部、失敗したんですよ。

志位和夫守護霊　うーん。そうかなあ。失敗したのかなあ。

小林　日本国内の地方・国家レベルだけでなく、世界を見渡《わた》しても、いわゆる、成功した社会主義や共産主義は一つもないですよ。

志位和夫守護霊　ああ、中国がそうじゃない？　中国は、アメリカを、もう抜《ぬ》こうとしてる。ソ連の怨念《おんねん》を討《う》つために、今、やってるんじゃない？

小林　それは、経済の部分を、資本主義にコンバート（変更《へんこう》）したから、生き延びただけでしょう？

志位和夫守護霊　だから、日本も、中国をモデルにして、今、見習おうとしてるところじゃない。財界も、みんな、中国型になろうとしてるところだよ。

小林　いやいや。今、日本の企業《きぎょう》は、昨年、中国で、あのような暴動が起きたので、撤収《てっしゅう》しようとしていますよ。

志位和夫守護霊　「企業が生き残るためには、賃金が安くなきゃいけない。ということは、中国化しなきゃいけない」ということで、日本も、今、賃金下げが始まってるだけじゃない。ユートピアへの道が、今、始まろうとしてるんだよ。

もし政権を取れたら、「学校で『志位語録』を暗唱させたい」

高間　では、日本共産党が政権を取ったら、ゆとり教育を、もう一回、復活させるのですか。

志位和夫守護霊　ゆとり……。まあ、共産党教育は強化しなきゃいけないよね。まあ、今は、『毛沢東語録《もうたくとう》』が使えないから、『志位語録』というのをつくって、みんな、これを振《ふ》ったり、学校へ来て暗唱したりするようにするよ（注。文化大革命の集会では、よく『毛沢東語録』を掲《かか》げ、振っていた）。

小林　日本共産党のマニフェストで特徴《とくちょう》的だったのは、「高校教育だけではなく、大学教育も無償《むしょう》化する」という政策だったのですが、これは、要するに、『志位語録』を広めるための手段だったわけですね？

志位和夫守護霊　まあ、共産党員の家庭に生まれた者は、やっぱり、特権階級だから、大学に無償で行ってもいいわな。うんうん。

高間　中国が、科学技術の水準を一定レベルで保てているのは、アメリカの大学にエリートを大量に留学させているからですよ。

志位和夫守護霊　ん？　あれは、たぶん、スパイ養成のために送ってるだけだよ。アメリカに学ぶことはないんだ。うん。

「マルクスはイエスを超《こ》えている」との称賛《しょうさん》

小林　今、なぜ、わざわざ、それを申し上げたかというと、世の中の人に、共産主義の実態を知ってもらいたいからです（岩波文庫の『共産党宣言』を手に取り、表紙を霊人に向ける）。

志位和夫守護霊　『共産党宣言』だ。ああ、岩波じゃないかあ。岩波も、まだ〝生きて〟るのかあ。よかったなあ。あんた、それ、なんか、水戸黄門《みとこうもん》の印籠《いんろう》に見えるんだ。そうして出されると。

小林　それで、要するに、そういった「公教育無償化」という、あなたの主張の歴史的な原点、出発点、根拠《こんきょ》はどこにあるかというと、ここ（『共産党宣言』）に載《の》っているのです。実は、「公教育の無償化」は、マルクスの言い出したことなのです。

志位和夫守護霊　ああ、偉《えら》い人だねえ。

小林　あなたにとって、やはり、マルクスは偉い人なのですね。

志位和夫守護霊　偉いなあ。やっぱり、これは、イエスを超《こ》えてるね。

小林　あなたの言う「公教育の無償化」は、ここからそのまま抜き書きして、日本共産党のマニフェストに載せたわけですね？

志位和夫守護霊　うーん……。

小林　それを言いたかったのです。

志位和夫守護霊　イエスを超えてるね。イエスは、二千年、もってるから、（共産党は）もっと行くかもしれんなあ。

「『共産党宣言』どおりにやる」というのが本音

綾織　『共産党宣言』のとおりにやっていくのですか。「相続権の廃止《はいし》」とか、「銀行の独占《どくせん》」とか、「運輸機関の国有化」とかもありますけれども。

志位和夫守護霊　ん？　それは、そうでしょう？　だって、生まれただけでさあ、親の巨大《きょだい》な土地から、財産から、家から、貯金から、全部もらえたら、身分の格差がものすごく開き、また大地主が始まって、貴族階級が復活するじゃないですか。

小林　確認ですけれども、『共産党宣言』には、「金融《きんゆう》機関は、国営の銀行一本に統一する」というように書いてありますが。

志位和夫守護霊　もちろん、それで、よろしいですよ。うん。

小林　もちろん、そうでしょうね。それから、今、綾織が少し言いましたが、「財産の相続の廃止」も、もちろん、やるわけですね？

志位和夫守護霊　まあ、だから、国営銀行……、日本銀行は、共産党が支配するわけだから、日本銀行券は、共産党券になるし、一万円札には、志位和夫の顔が刷られるわけですよ。

小林　「それが目的だ」と？　分かりました。

志位和夫守護霊　そういうふうになるわけで、いくら刷るかは、私のさじ加減だ。累進《るいしん》課税では、「まだ生《なま》ぬるい」

志位和夫守護霊　それで、次の質問は何だって？

小林　『共産党宣言』には、「累進《るいしん》課税を強度に強化する」ということも載っていますが、いかがでしょうか。

志位和夫守護霊　うん、そう。まあ、ちょっと、マルクスやから、生ぬるいところがあるよな。そのへんに、ちょっと、「世間に迎合《げいごう》しよう」という気持ちがまだ残っててるよな。

綾織　本心としては、累進課税ではないわけですね？

志位和夫守護霊　まあ、累進課税なんていうのは要らなくて、もう、全部取ったらいいのよ。

小林　丸ごと取ってしまう？　なるほど。

志位和夫守護霊　うんうん。だから、最低限の生活費を超えたものは全部取ったらいいのよ。累進なんていうのは、ちょっとねえ、まだ妥協《だきょう》する気持ちがあるね。「ほかの政治勢力が強い」ってことを認識してるんだ。

小林　「日本共産党をはじめ、民主党など、左寄りの政党から出てきた政策の出発点は、実は、マルクスの『共産党宣言』にあった」ということを、日本国民に知っていただきたくて、今、質問させていただいたわけです。

全員をフラットにすることが〝最大多数の最大幸福〟？

志位和夫守護霊　まあ、人間に優《やさ》しい政治をやれば、基本的にそうなるんだよな。基本的にそうなるんだよ。うん。

これが、〝最大多数の最大幸福〟なんだよ。よく、おたくの教祖に言うといてくれ。〝最大多数の最大幸福〟っていうのはねえ、要するに、みんなをフラットにすることなんだよなあ。

綾織　それだと、最小幸福になると思います。

小林　すごい論理ですね（笑）。

綾織　菅《かん》さんと同じだと思います。

志位和夫守護霊　みんな、フラットにするんだ。これがいいんだ。そら、そうですよ。ピザをみんなで分け合って食べるときに、一切れだけ大きさが違ったら怒《おこ》るでしょうがあ。

小林　少し、いいですか、これは出版される予定ですが、さすがに、今の発言は、志位さん（守護霊）の知性が疑われますよ。

志位和夫守護霊　何？　工学部の物理工学科なんだから、知性が疑われることはないよ。

小林　そういう知性でもって、あまり哲学《てつがく》的な議論はしないほうがよいと思いますよ。今の「最大多数の最大幸福」に関する発言は、表に出すと、あまりにも恥《は》ずかしいでしょうから……。

志位和夫守護霊　〝最大多数の最大幸福〟は、共産主義の実現ですよ。

小林　武士の情けで削除《さくじょ》してあげたいぐらい、恥ずかしいコメントなので……。

志位和夫守護霊　いや、何言ってるの。これが共産主義ですよ。

小林　そこは、お言葉を選ばれたほうがいいと思います。

志位和夫守護霊　〝最大多数の最大幸福〟が共産党員の幸福で、それを聞かない安倍みたいな連中は、〝最大多数〟から、ちょっと外れる。一部、「安倍一族を、今、どのように退治するか」っていう問題が残るけど、このへんは処刑《しょけい》されるから。

小林　あっ、処刑ですか。

志位和夫守護霊　だから、一部、不幸になる人が出るけれども、九十九パーセントの人は幸福になるんだよ。うんうん。そういうことですよ。

小林　最初から、そうやって本音を言ってくださいよ。

8 「日本のレーニン」としての決意

歴代の共産党幹部は「最深部の〝奥《おく》の院〟で守られている」

綾織　少し、霊的《れいてき》な話で分からないかもしれませんが……。

志位和夫守護霊　バカにしないでくれる？

綾織　すみません。失礼しました。宮本顕治《みやもとけんじ》元議長などと話をされますか。

志位和夫守護霊　宮本議長、宮本議長……。

綾織　はい。何か、指示をされていますか。

志位和夫守護霊　うーん。いや、うーん。うーん。うーん。まあ、歴史的な人物だからねえ。

綾織　はい。

志位和夫守護霊　歴史的な人物だから、そう簡単に、軽々しく論じてはならんと思うけど、本当は、教科書に載《の》るべき人だからねえ。

小林　ただ、今のおっしゃり方は、「軽々しく論じてはいけないと思うけど」というように、つながっていたようにも思えます。「So, but」とあったと思うのですが。

志位和夫守護霊　うーん、わしが軽々しく言うてはならんとは思うが、まあ、とにかく、今は、「深い権力の最深部にいるらしい」ということは分かっている。

綾織　ああ。最深部に。なるほど（会場笑）。

志位和夫守護霊　今、権力の〝奥《おく》の院〟にいるらしい。いわば、日銀の地下金庫みたいなところにいるので、誰《だれ》も、それを破れないらしい。

綾織　ああ、なるほど。よく分かります。

小林　深くて、暗いわけですね。

志位和夫守護霊　うん。日銀の地下金庫に金塊《きんかい》を隠《かく》されたら、もう、いかなる強盗《ごうとう》も、核爆弾《かくばくだん》を使わなければ入れないわなあ。

綾織　歴代の共産党幹部の方には、創立時から、有名な方がたくさんいらっしゃいま

す。堺利彦《さかいとしひこ》、山川均《やまかわひとし》、荒畑寒村《あらはたかんそん》、野坂参三《のさかさんぞう》、徳田球一《とくだきゅういち》……。

志位和夫守護霊　うん。みんなねえ、日銀の地下金庫みたいなところにいるらしいよ。

綾織　みなさん、同じところですか。

志位和夫守護霊　だからねえ、強盗に狙《ねら》われないように隠してあるんだよ。

綾織　はい、はい。

志位和夫守護霊　安倍《あべ》一族なんかに〝狩《か》り〟をやられないように、みんな、上手に隠してあるらしいわい。

綾織　みなさん、同じところにいるのですね。

志位和夫守護霊　もうね、厚い鋼鉄の蓋《ふた》で守られているらしい。

小林　客観的には、それは、「守られている」というより、地獄の最深部に「隔離《かくり》されている」と言うべきなのですが、まあ、いいと思います。

志位和夫守護霊　いやあ、大事にされてるよ。とっても大事にされてるよ。

綾織　志位さん（守護霊）でも、なかなか話はできないのですか。

志位和夫守護霊　誰も近寄れないぐらい大事にされてるんだから。

「やがて自分も〝奥《おく》の院〟に入れるのでは？」という期待

綾織　そこから、何か、声が聞こえてきませんか。

志位和夫守護霊　これは、天皇陛下を超《こ》えたね。だって、天皇陛下は、まだ人がいっぱい近づけるから。

綾織　そうかもしれませんが、何か、声が聞こえてきませんか。

志位和夫守護霊　ええ？　声？

綾織　そういう〝金庫〟のなかから、直接的には、特に来ませんか。

志位和夫守護霊　うーん。〝金庫〟のなかねえ。いや、「国民が堕落《だらく》しないようにするために、金塊を私のところに集めとる」という感じかなあ。そういうふうに思ってると推察されるなあ。うーん。金塊を守ってるんじゃないかなあ。たぶん彼らは、今、日本の国庫を守ってるんだ。

綾織　国庫を守っている?

志位和夫守護霊　つまり、国民に、その金塊や金の延《の》べ棒《ぼう》をばら撒《ま》かれないようにするために、しっかり守ってるんだと思う。

綾織　ああ、自分たちのために金塊を集めているのですか。

志位和夫守護霊　ええ、そう。しっかり守りを固めてね。きっと、日本の国を救うために、その資金を守ってるんじゃないかなあ。誰も会えないもん。

小林　誰も会えないのですね。

志位和夫守護霊　たぶん、そういうことだ。

小林　ときどき、志位さん（守護霊）のところに、来られたりはしないのですか。

志位和夫守護霊　ええ？　そんな偉《えら》い方が、楽々来てはいけないんだ。「私も、やがて、そういう〝奥《おく》の院〟に入れるのではないかなあ」と、今、期待しとる。総理大臣を経験すれば、〝奥の院〟の、さらにもっといいところに行けるんじゃないか。

小林　そういう予感がするわけですね。

志位和夫守護霊　予感がするわけ。天皇陛下より偉くなる感じがする。

綾織　はいはい。

志位和夫守護霊　何か、そんな感じがする。天皇陛下は、まだ、庶民《しょみん》がちょっと出入《でい》りできるからねえ。あそこはねえ。

あらためて「霊的《れいてき》存在」を否定する志位委員長守護霊

小林　先ほども、少し申し上げましたけれども、地上の志位さん本人がお仕事をされているときに、いろいろご指導をされているとは思うのですが、ほかに、何かささやいたり、アドバイスしたりしようとする存在は、近くにいらっしゃいませんか。

志位和夫守護霊　ああ、君ねえ、ちょっと病院に行ったほうがいいよ。ちょっと病院に。

小林　いえいえ。

志位和夫守護霊　創価学会《そうかがっかい》の権力下にあるけど、慶応《けいおう》病院にでも行ったほうがいいよ。うんうん。

小林　そういった方というのは、特に、近くで見当たりませんか。

志位和夫守護霊　ええ？　だから、そういう、「ささやき声が聞こえる」とか、ちょっと病院に行ったほうがいいと思う。

小林　いや、ささやくといいますか、現実に姿が見えて、あなたにいろいろとアドバイスをしたり、あるいは、あなたご自身を通じて、「これを一言、伝えておいてくれ」などと言ってきたりする人はいませんか。

志位和夫守護霊　わしにアドバイスするといったら、共産党の仲間ぐらいだろうよ。うーん。そのくらいしかないだろう。

ほかにアドバイスできるような人はいない。まあ、私は、事実上、日本の影《かげ》の天皇だからね。

小林　歴史上の人物とか、特にいませんか。

志位和夫守護霊　歴史上の？　君、ちょっと頭がおかしいんと違《ちが》うか。大丈夫《だいじょうぶ》か。

小林　名前を聞いたような方とか、特にいませんか。

志位和夫守護霊　そら、まあ、学問的に日本史や世界史があるから、歴史上の人物は存在するし、「夢で見る」とか、そういうことはあってもいいけどもね。

小林　では、その、夢を見る感じでもいいのですが、特にありませんか。

志位和夫守護霊　死んだ人は、もう戻《もど》ってこないんだよ。うん。死んだ人は戻ってこないんだよ。君ねえ、死んだ人は、もう、霊安室に置かれて、そのあと、お墓に行って終わりなのよ。

小林　いちおう、それが、冒頭《ぼうとう》でおっしゃっていた科学的社会主義の公式見解であり、それ以上のことを、あまり言うわけにはいかないのでしょうか。

志位和夫守護霊　もちろん、そうですよ。ただ、一部、例外として、「共産党の委員長をしたような方だけは、〝奥の院〟で祀《まつ》られているかもしれない」と言ってるだけだ。ただ、私は近づけないから分からないけども。

綾織　それは、志位さんの未来を、確かに暗示していると思います。

志位和夫守護霊　そうだろうね。

綾織　地獄《じごく》と言われる世界だと思いますので。

志位和夫守護霊　いえ、一種の、ローマ法王みたいなもんだから。

綾織　幸福の科学や幸福実現党に関心があるかどうか分かりませんが、そのあたりについては、これから勉強していただいて、少しでも変わっていただければと思います。

共産党に投票すると〝後楽園《こうらくえん》〟への招待状が届く？

志位和夫守護霊　まあ、私たちは、〝恩恵《おんけい》〟を広める政党だからね。だから、共産党に投票した人たちは、みんな、縁《えん》がつく。これが、もう来世《らいせ》への……、いや、来世はないのか。

綾織　（笑）来世なのですね。

志位和夫守護霊　来世はないかもしれないけれども、幸福な死に方への切符《きっぷ》になるわね。うん。

小林　「縁がつく」というのは、つまり、「共産党に投票すると、霊的な縁がついてしまい、そこからヒュルヒュルッと何かが来る」という意味ですね。

志位和夫守護霊　そうそう。だから、「マルクス教に帰依《きえ》した」ということになるわけだよ、いちおうね。

小林　宗教的には、それを憑依霊《ひょういれい》と言うのですが、では、「投票すると、マルクス教型の何かと、霊的な縁がついてしまう」ということなのですね？

志位和夫守護霊　ユートピアというか、「〝後楽園《こうらくえん》〟に招待される」という感じになるのかな。

綾織　その人たちも、どこか特定の場所に集まっている状態ですか。

志位和夫守護霊　いやあ、それはそうでしょう。共産党を支持した人たちは、それはもう、〝善行〟を尽《つ》くしたわけだから、〝後楽園〟で遊ばせてもらえるような感じになるでしょうなあ。

綾織　〝後楽園〟なのですか。

小林　〝後楽園〟を描写《びょうしゃ》していただくと、どのようになっているのでしょうか。

志位和夫守護霊　いやあ、ディズニーランドと言いたかったんだけども、何となく、ちょっと肌《はだ》合いが合わんから、言いにくかっただけです。

綾織　〝後楽園〟で、何をやっているのですか。

志位和夫守護霊　え？

綾織　何をやっていますか。

志位和夫守護霊　〝後楽園〟で？　〝ジェットコースター〟があるじゃないの。

綾織　〝ジェットコースター〟ですか。

志位和夫守護霊　うん、いいんだよ。上がったり下がったりとか、上からストーンと落としたりとか、いっぱいあるじゃないですか。

綾織　はい。はい。

志位和夫守護霊　だから、〝楽しませてあげる〟わけよ。

綾織　楽しいかどうか、少し疑わしいところがありますが。

志位和夫守護霊　みんなが「キャー!」と髪《かみ》の毛が逆立つところなんて（会場笑）、やっぱり、〝幸福の根源〟だよね。

小林　ああ……。

志位和夫守護霊　夏は、特に大事なことだよね。心臓が口から飛び出すような〝幸福感〟を味わってみたいでしょう?

小林　ああ、そういう恐怖心《きょうふしん》を味わっていらっしゃるわけですね?

志位和夫守護霊　みんなに招待状が届くから遊べるよ。

小林　共産党へ投票すると、招待状が届くのですね。

志位和夫守護霊　うーん。

昔の時代に生まれたら「リンカン」か「聖徳太子《しょうとくたいし》」？

小林　最後に、できたらお答えいただきたいのですが、先ほど、「仏教などに、転生《てんしょう》輪廻《りんね》といった考え方があることは、思想として理解できる」とおっしゃられたので、お伺《うかが》いします。過去世《かこぜ》に関して、何か記憶《きおく》なり思い出なり、それに近いものはございませんか。

志位和夫守護霊　うーん、「秀才《しゅうさい》だった」という記憶以外、何にもないなあ。うーん。もう、本当に、「ピッカピカの秀才だった」ということ以外、記憶がないねえ。大川隆法なんて、東大のころに見た覚えなんかないねえ、全然。

小林　郷愁《きょうしゅう》を感じる時代や、「あの時代が好きだ」とか、「あの国が好きだ」とか、そういうものはありませんか。

志位和夫守護霊　ええ？　昔？　昔話？　まあ、子供時代だと記憶がなくなっていくからねえ。

小林　うーん。それより前でもよいのですが、何か、好きな時代とかはありませんか。

志位和夫守護霊　ああ。それは、退行催眠《さいみん》というのが、ちょっとあることは……。

小林　ありますよね。では、そういう心理学で結構ですから、仮に、自分が退行催眠のようなものを受けたとして、例えば、どんな時代やどんな国に行きそうですか。

志位和夫守護霊　いや、君、その質問は意味不明だけど。

小林　いえいえ。

志位和夫守護霊　まあ、「タイム・マシンで昔の時代に帰るとしたら、どんな人になりたいか」っていうことかい？

小林　ええ。それでもいいですよ。

志位和夫守護霊　「昔の時代で、私が」というと、やっぱり、偉大《いだい》なる人民の解放者でなきゃいけないですね。

まあ、私の場合は、アメリカに生まれたら、リンカンだろうねえ。

小林　（笑）

志位和夫守護霊　ずばりはね。リンカンみたいな人じゃないかねえ。

高間　確か、この間、アメリカにも行かれていましたね。

志位和夫守護霊　うーん。

高間　けっこう親近感をお持ちでいらっしゃいますか。

志位和夫守護霊　「アメリカに生まれればリンカン。日本に生まれれば聖徳太子《しょうとくたいし》」みたいな人なんじゃないかねえ。それが、現代日本に生まれれば、やっぱり、志位和夫みたいになるんじゃないか。

高間　やはり、奴隷《どれい》制がある、あの時代ですか。

志位和夫守護霊　え？　能力の平等を認めてねえ、人を抜擢《ばってき》しながら……。

綾織　逆ですか。奴隷を使っていました？

志位和夫守護霊　え？　何？

綾織　逆の立場ですか。奴隷を使っていましたか。

志位和夫守護霊　うーん、意味が分からない。何を言ってるのか、分からないなあ。さっぱり意味が分からない。

綾織　リンカンは、粛清《しゅくせい》や強制収容所などといったことはしていません。

志位和夫守護霊　リンカンは平等を説いたんだろう?

綾織　もちろん平等ですね。

志位和夫守護霊　だから、共産党員じゃないですか。

綾織　リンカンは共産党員ではありませんので(笑)。

志位和夫守護霊　ええ?

綾織　まったく違うと思います。

志位和夫守護霊　もう、マルクスと同じ使命を持って生まれたんだ。

「過去世《かこぜ》があるなら偉大《いだい》なレーニン」というほどの信奉《しんぽう》

小林　志位さんは、ご両親とも、バリバリの共産党員の家を選んで生まれてこられたので、やはり、直前の過去世《かこぜ》は、比較的《ひかくてき》手前で、共産主義運動や社会主義運動をされていたのですか。

というのも、珍《めずら》しいんですよ。ご両親がバリバリの共産党員ですし、それから、これは、あまり言ってはいけないのかもしれませんが、伯父《おじ》さまも、「帝国《ていこく》陸軍からソ連の収容所へ行き、日本に帰ってきたときには、ソ連のスパイになっていた」ということが明らかになっています。

そういう意味では、非常に縁のある方が周りにいらっしゃるご家庭なり親族なりを、わざわざ選んで生まれてこられているので、多少、そういった、中国やソ連との関係が……。

志位和夫守護霊　君らは、どうしても、仏教的な転生輪廻の話に持っていきたいわけね？

小林　うーん。

志位和夫守護霊　世界的に、そんなものは認められてないので、君らが大好きな、アメリカの民主主義の資本主義経済の人に訊《き》いても、「病院に行きなさい」と、必ず言われる。

つまり、声が聞こえたり、ビジョンが見えたりするのは、「病院に行け」と、必ず言われるようなことであって、君らは、そういうことを訊いてるってことが、分かってないんだろうけど。

小林　そう言われても構いませんが、では、その上で、そのレベルに合わせて、お答えいただけますか。

志位和夫守護霊　まあ、あえて、精神病レベルの人を相手にしてやるとして、私に過去世があるとしたら、やっぱり、レーニングらいだろうね。まあ、そんなあたりじゃないかな。それだったら、もうピッタリだもんね。「日本のレーニン」。うん。

小林　ああ、では、「レーニンの時代に、レーニンと一緒《いっしょ》にやっていた」という感じですか。

志位和夫守護霊　「日本のレーニン」という感じだよなあ。うーん。まあ、言ってみりゃ、「日本のレーニン」だろうねえ。

小林　過去世は、あのくらいの時代ですか。

志位和夫守護霊　人々から愛されてねえ、ツァーリズム（旧ロシア絶対君主制）をぶっ倒《たお》して、人々に平和と民主主義の大切さを教えた。レーニン！　ああ、あの偉大《いだい》な……。

小林　分かりました。「基本的に、レーニンもマルクスも大好きで、信奉《しんぽう》していて、その思想・信条の下《もと》に生きている」ということはよく分かりましたので。

志位和夫守護霊　これこそ民主主義なのだよ。

小林　ええ、ありがとうございました。

選挙後にしたいことは「安倍《あべ》一族の壊滅《かいめつ》」

志位和夫守護霊　だからねえ、共産党は、君たちと一緒なんだよ。〝最大多数の最大幸福〟を目指してて、九十九パーセントの人を平等に幸福にし、一パーセントの安倍《あべ》一族だけは、やっぱり許せない。まあ、これはしかたない。これは鉄格子《てつごうし》のなかに入ってもらわないかん。

綾織　今日のお話を伺っていると、一パーセントでは済まないと思います。

志位和夫守護霊　安倍一族は、絶対に許せないけどもね。この軍国主義は、絶対に壊《かい》滅《めつ》させなきゃいけない。

小林　それが、選挙が終わったあとに、あなたがやりたいことなわけですね。

志位和夫守護霊　うん。安倍一族の壊滅。もう、これは絶対やる。

小林　分かりました。

志位和夫守護霊　あんなアベノミクスとか言うて金をばら撒いて、あんなもんねえ、金持ちのところばっかりに一万円札が降ってくるんだよ。

そして、軍国主義化して、また、朝鮮半島に慰安婦《いあんふ》をつくりに行くんだろう? もう許せない。

小林 もう少し、国民の資産分布状況《じょうきょう》を見たほうがよいと思うのですが、株価の上昇《じょうしょう》は、中産階級だけでなく、その少し下ぐらいのところにまで、かなり裨益《ひえき》しているのですよ。

志位和夫守護霊 共産党員は、株なんかやりませんよ。

小林 それをよく、観察をされたほうがいいと思います。

「幸福実現党の未来」をどう見ているか

小林 いずれにしましても、選挙後に、志位さんのされたいことが、よく分かりました。

今日は、投票日前の貴重なときに来ていただき、本当にありがとうございました。

志位和夫守護霊　君らは、安倍一族と一緒に監獄《かんごく》に入りたければ、自首してくればいい。

まあ、ただ、今日、自首してきたことは健気《けなげ》であるから、罪を一等減じて、終身刑《しゅうしんけい》に変えてやってもいいけどねえ。

小林　要するに、「幸福実現党は自首すべきだ」「自由と民主主義と繁栄《はんえい》を説いている政党は、共産党に対して自首をすべき存在である」ということをおっしゃっているわけですね?

志位和夫守護霊　だからねえ、民主党は……。あれ、何だ?　もうなくなる政党だから忘れちゃったわね。え?　いやいや違う。社民党か。

小林　はい。

志位和夫守護霊　社民党は、「そして誰もいなくなった」なんだよね（前掲《ぜんけい》『そして誰もいなくなった――公開霊言 社民党 福島瑞穂《ふくしまみずほ》党首へのレクイエム――』参照）。

小林　ええ。

志位和夫守護霊　それで、幸福実現党は、「元から誰もいなかった」。うん、これが幸福実現党だね。

小林　では、民主党は？

志位和夫守護霊　あ、民主党？　民主党は、だから、「そして誰もいなくなった」でしょ？　だから、あなたがたは、「元から誰もいなかった」よ。

綾織　いや、未来がある政党です。

志位和夫守護霊　未来はない。

小林　いずれにしても、志位さんのお考えはよく分かりました。この世においては、共産党本体も、志位さん自身も、今まで、絶対に本心を明かされませんでしたので、今日、縷々《るる》、おっしゃっていただいた点に関しては、非常に感謝申し上げたいと思いますし、評価をしたいと思います。

志位和夫守護霊　大川隆法と私が、東大で何年も重なってるんだったら、共産党に入りなさいよ。そうしたら、衆議院に当選させて、私が総理のときに大臣にしてやるからさあ。共産党へ来なさいよ！　幸福実現党じゃ駄目《だめ》だ。

最後まで〝奥《おく》の院〟に行くことを希望する志位委員長守護霊

小林　いずれにしましても、志位さんのお考えは、よく分かりましたし、ある程度、正直に語っていただいたことも、本当に感謝申し上げたいと思います。本日は、本当にありがとうございました。

高間　ありがとうございました。

志位和夫守護霊　何だか、すっきりしないなあ。

小林　いえいえいえ。今日は、一見、地味《じみ》に見えるかもしれませんが、資料価値としては、非常に大きなものを頂きましたので、そのことに関して、本当に感謝申し上げたいと思います。

志位和夫守護霊　中日新聞の社長と俺《おれ》とは、どうだい？

小林　中日新聞の社長の場合は、あくまでも「取材をしたい」「取材をしたらこうだろう」というのが彼の立場でしたが、今回は、取材対象のご本人の方に本心を語っていただきましたので、この資料価値は、はるかに高かったと思います。

志位和夫守護霊　ああ。ご本尊の方かあ……。俺も、必ず〝奥《おく》の院〟に行くからなあ。

小林　できたら、〝奥の院〟へ行かなくて済むような回心《かいしん》を期待したいのですが。

志位和夫守護霊　いや。行きたい。行きたい。

小林　あ、行きたいですか。

志位和夫守護霊　一メートルもの厚さの〝金庫〟のなかへ入りたい！

小林　では、やむをえないですね。はい。分かりました。

綾織　もう、しかたがないですね。ありがとうございます。

小林　どうもありがとうございます。

大川隆法　では、ありがとうございました。（手を一回打つ）

「本心インタビュー」の資料を積み重ねていきたい

大川隆法　（今日の守護霊霊言には）資料価値はあるでしょう。

この本の出版は今回の参院選には間に合わないと思いますが、大勝した党が、「バンザーイ！」と言って、だるまの目を開《あ》けたころには、出版できるのではないでしょうか。

マスコミが悪乗りをして、共産党の応援歌《おうえんか》を書いたりしないようにしたいとは思いますね。これは当会の仕事でしょう。

やはり、一つひとつ資料を積み重ねていく必要があるようですね。これは、マスコミでもできない「本心インタビュー」なので、極《きわ》めて資料価値が高いと思います。

世間は、「守護霊インタビュー」など、なかなか信じられなかったのに、だんだん、「次は、この人を出してほしい」という感じになりつつあります。

そろそろ、マスコミのほうから、「この人を調べてほしい」と依頼《いらい》が来る段階になるでしょう。

綾織　募集《ぼしゅう》をかけてもいいぐらいです。

大川隆法　そうでしょうね。当会は、調べようがないものを調べられる、珍しいところですからね。「外国からも依頼が来るのではないか」と思い、心配しているぐらいです。

志位さんは、この本を読んで、どう思うでしょうか。鼻で笑うかどうか、知りませんが、何らかの教訓になさればよろしいかと思います。

質問者一同　ありがとうございました。

あとがき

ここまで本音と建前の分離した政党も少ないだろう。表向きは、平和護憲《ごけん》政党にして軍国主義復活反対、弱者の味方、その裏は、天皇制廃止、日本共産党軍の強大化、反対者の処刑、中国による日本植民地化の促進である。

共産主義は地球のガン細胞である。神仏もあの世も否定し、霊の存在を否定し、自助努力の精神を否定し、ひたすら成功者への嫉妬を広める教えを説く者、その正体こそ悪魔である。

はやく真実に目覚めるべきである。神仏の心を心とした政治をやらない限り、この国に真の平和と繁栄は来ない。その反対に災いが続出するであろう。

志位委員長守護霊霊言によれば、歴代の日本共産党のリーダーもマルクス同様、無間地獄《むけんじごく》に堕《お》ちているようである。時代の一時的揺《ゆ》り戻しで、こんなものを信じてはならない。

二〇一三年　七月十七日

国師《こくし》　大川隆法《おおかわりゅうほう》

『共産主義批判の常識』大川隆法著作関連書籍

『そして誰もいなくなった
　——公開霊言 社民党 福島瑞穂党首へのレクイエム——』（幸福の科学出版刊）
『「中日新聞」偏向報道の霊的原因を探る
　——小出宣昭社長のスピリチュアル診断——』（同右）
『「首相公邸の幽霊」の正体
　——東條英機・近衛文麿・廣田弘毅、日本を叱る！——』（同右）
『マルクス・毛沢東のスピリチュアル・メッセージ』（同右）
『イラク戦争は正しかったか』（同右）
『安倍新総理スピリチュアル・インタビュー』（幸福実現党刊）

共産主義《きょうさんしゅぎ》批判《ひはん》の常識《じょうしき》

――日本共産党 志位委員長守護霊に直撃インタビュー――

2013年7月21日　初版第1刷

著　者　　大《おお》川《かわ》隆《りゅう》法《ほう》

発行所　　幸福の科学出版株式会社

〒107-0052 東京都港区赤坂2丁目10番14号

TEL(03)5573-7700

http://www.irhpress.co.jp/

印刷・製本　株式会社 堀内印刷所

落丁・乱丁本はおとりかえいたします

ISBN978-4-86395-366-6 C0030

大川隆法 ベストセラーズ・最新刊

大川隆法の守護霊霊言
ユートピア実現への挑戦

あの世の存在証明による霊性革命、
正論と神仏の正義による政治革命。
幸福の科学グループ創始者兼総裁
の本心が、ついに明かされる。

1,400円

政治革命家・大川隆法
幸福実現党の父

未来が見える。嘘をつかない。タブー
に挑戦する——。政治の問題を鋭く
指摘し、具体的な打開策を唱える幸福
実現党の魅力が分かる万人必読の書。

1,400円

素顔の大川隆法

素朴な疑問からドキッとするテーマま
で、女性編集長3人の質問に気さくに
答えた、101分公開ロングインタビュー。
大注目の宗教家が、その本音を明かす。

1,300円

※表示価格は本体価格（税別）です。

大川隆法霊言シリーズ・歴代総理の霊言

「首相公邸の幽霊」の正体

東條英機・近衛文麿・廣田弘毅、
日本を叱る！

その正体は、日本を憂う先の大戦時の歴代総理だった！ 日本の行く末を案じる彼らの悲痛な声が語られる。安倍総理の守護霊インタビューも収録。

1,400円

大平正芳の大復活

クリスチャン総理の緊急メッセージ

ポピュリズム化した安倍政権と自民党を一喝！ 時代のターニング・ポイントにある現代日本へ、戦後の大物政治家が天上界から珠玉のメッセージ。
【幸福実現党刊】

1,400円

中曽根康弘元総理・最後のご奉公

日本かくあるべし

「自主憲法制定」を党是としながら、選挙が近づくと弱腰になる自民党。「自民党最高顧問」の目に映る、安倍政権の限界と、日本のあるべき姿とは。
【幸福実現党刊】

1,400円

幸福の科学出版

大川隆法霊言シリーズ・韓国・北朝鮮の思惑を探る

安重根は韓国の英雄か、それとも悪魔か

安重根 & 朴《パク》槿《ク》惠《ネ》大統領守護霊の霊言

なぜ韓国は、中国にすり寄るのか?
従軍慰安婦の次は、安重根像の設置を打ち出す朴槿惠・韓国大統領の恐るべき真意が明らかに。

1,400円

神に誓って「従軍慰安婦」は実在したか

いまこそ、「歴史認識」というウソの連鎖を断つ! 元従軍慰安婦を名乗る2人の守護霊インタビューを刊行! 慰安婦問題に隠された驚くべき陰謀とは!?
【幸福実現党刊】

1,400円

北朝鮮の未来透視に挑戦する

エドガー・ケイシー リーディング

「第2次朝鮮戦争」勃発か!? 核保有国となった北朝鮮と、その挑発に乗った韓国が激突。地獄に堕ちた"建国の父"金日成の霊言も同時収録。

1,400円

※表示価格は本体価格(税別)です。

大川隆法 霊言シリーズ・中国の今後を占う

中国と習近平に未来はあるか

反日デモの謎を解く

「反日デモ」も、「反原発・沖縄基地問題」も中国が仕組んだ日本占領への布石だった。緊迫する日中関係の未来を習近平氏守護霊に問う。
【幸福実現党刊】

1,400円

周恩来の予言

新中華帝国の隠れたる神

北朝鮮のミサイル問題の背後には、中国の思惑があった！ 現代中国を霊界から指導する周恩来が語った、戦慄の世界覇権戦略とは!?

1,400円

小室直樹の大予言

2015年 中華帝国の崩壊

世界征服か？ 内部崩壊か？ 孤高の国際政治学者・小室直樹が、習近平氏の国家戦略と中国の矛盾を分析。日本に国防の秘策を授ける。

1,400円

大川隆法霊言シリーズ・正しい歴史認識を求めて

原爆投下は人類への罪か？

公開霊言 トルーマン & F・ルーズベルトの新証言

なぜ、終戦間際に、アメリカは日本に2度も原爆を落としたのか？「憲法改正」を語る上で避けては通れない難題に「公開霊言」が挑む。

【幸福実現党刊】

1,400円

公開霊言 東條英機、「大東亜戦争の真実」を語る

戦争責任、靖国参拝、憲法改正……。他国からの不当な内政干渉にモノ言えぬ日本。正しい歴史認識を求めて、東條英機が先の大戦の真相を語る。

【幸福実現党刊】

1,400円

本多勝一の守護霊インタビュー

朝日の「良心」か、それとも「独善」か

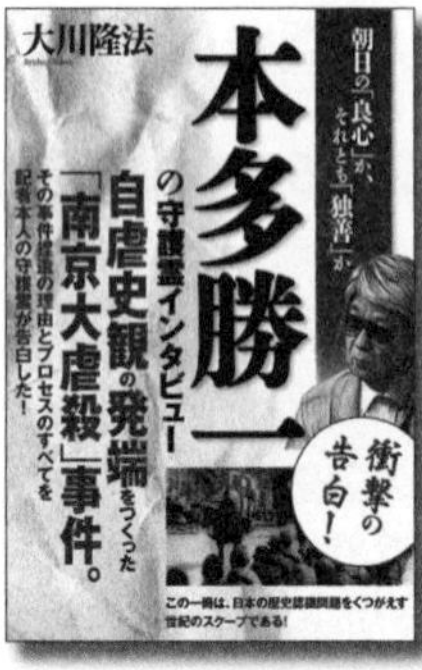

「南京事件」は創作！「従軍慰安婦」は演出！ 歪められた歴史認識の問題の真相に迫る。自虐史観の発端をつくった本人（守護霊）が赤裸々に告白！

【幸福実現党刊】

1,400円

※表示価格は本体価格（税別）です。

大川隆法 ベストセラーズ・希望の未来を切り拓く

未来の法

新たなる地球世紀へ

暗い世相に負けるな！ 悲観的な自己像に縛られるな！ 心に眠る無限のパワーに目覚めよ！ 人類の未来を拓く鍵は、一人ひとりの心のなかにある。

2,000円

Power to the Future

未来に力を

英語説法集
日本語訳付き

予断を許さない日本の国防危機。混迷を極める世界情勢の行方――。ワールド・ティーチャーが英語で語った、この国と世界の進むべき道とは。

1,400円

日本の誇りを取り戻す

国師・大川隆法　街頭演説集 2012

2012年、国論を変えた国師の獅子吼。外交危機、エネルギー問題、経済政策……。すべての打開策を示してきた街頭演説が、ついにDVDブック化！
【幸福実現党刊】

街頭演説
DVD付

2,000円

幸福の科学グループのご案内

宗教、教育、政治、出版などの活動を通じて、地球的ユートピアの実現を目指しています。

宗教法人　幸福の科学

一九八六年に立宗。一九九一年に宗教法人格を取得。信仰の対象は、地球系霊団の最高大霊、主エル・カンターレ。世界百カ国以上の国々に信者を持ち、全人類救済という尊い使命のもと、信者は、「愛」と「悟り」と「ユートピア建設」の教えの実践、伝道に励んでいます。

（二〇一三年七月現在）

愛

幸福の科学の「愛」とは、与える愛です。これは、仏教の慈悲《じひ》や布施《ふせ》の精神と同じことです。信者は、仏法真理をお伝えすることを通して、多くの方に幸福な人生を送っていただくための活動に励んでいます。

悟り

「悟り」とは、自らが仏の子であることを知るということです。教学《きょうがく》や精神統一によって心を磨き、智慧《ちえ》を得て悩みを解決すると共に、天使・菩薩《ぼさつ》の境地を目指し、より多くの人を救える力を身につけていきます。

ユートピア建設

私たち人間は、地上に理想世界を建設するという尊い使命を持って生まれてきています。社会の悪を押しとどめ、善を推し進めるために、信者はさまざまな活動に積極的に参加しています。

国内外の世界で貧困や災害、心の病で苦しんでいる人々に対しては、現地メンバーや支援団体と連携して、物心両面にわたり、あらゆる手段で手を差し伸べています。

年間約３万人の自殺者を減らすため、全国各地で街頭キャンペーンを展開しています。

公式サイト **www.withyou-hs.net**

ヘレン・ケラーを理想として活動する、ハンディキャップを持つ方とボランティアの会です。視聴覚障害者、肢体不自由な方々に仏法真理を学んでいただくための、さまざまなサポートをしています。

公式サイト **www.helen-hs.net**

INFORMATION

お近くの精舎・支部・拠点など、お問い合わせは、こちらまで！

幸福の科学サービスセンター

TEL. 03-5793-1727（受付時間 火～金：10～20時／土・日：10～18時）

宗教法人 幸福の科学 公式サイト **happy-science.jp**

教育

学校法人 幸福の科学学園

学校法人 幸福の科学学園は、幸福の科学の教育理念のもとにつくられた教育機関です。人間にとって最も大切な宗教教育の導入を通じて精神性を高めながら、ユートピア建設に貢献する人材輩出を目指しています。

幸福の科学学園

中学校・高等学校（那須本校）

2010年4月開校・栃木県那須郡（男女共学・全寮制）

TEL **0287-75-7777**

公式サイト **happy-science.ac.jp**

関西中学校・高等学校（関西校）

2013年4月開校・滋賀県大津市（男女共学・寮及び通学）

TEL **077-573-7774**

公式サイト **kansai.happy-science.ac.jp**

幸福の科学大学（仮称・設置認可申請予定）

2015年開学予定

TEL **03-6277-7248**（幸福の科学 大学準備室）

公式サイト **university.happy-science.jp**

仏法真理塾「サクセスNo.1」

小・中・高校生が、信仰教育を基礎にしながら、「勉強も『心の修行』」と考えて学んでいます。

TEL **03-5750-0747**（東京本校）

不登校児支援スクール「ネバー・マインド」

心の面からのアプローチを重視して、不登校の子供たちを支援しています。
また、障害児支援の「**ユー・アー・エンゼル！**」運動も行っています。

TEL **03-5750-1741**

エンゼルプランV

幼少時からの心の教育を大切にして、信仰をベースにした幼児教育を行っています。

TEL **03-5750-0757**

NPO 活動支援

学校からのいじめ追放を目指し、さまざまな社会提言をしています。また、各地でのシンポジウムや学校への啓発ポスター掲示等に取り組むNPO「いじめから子供を守ろう！ネットワーク」を支援しています。

公式サイト **mamoro.org**

相談窓口 **TEL.03-5719-2170**

ブログ **mamoro.blog86.fc2.com**

政治

幸福実現党

内憂《ないゆう》外患《がいかん》の国難に立ち向かうべく、二〇〇九年五月に幸福実現党を立党しました。創立者である大川隆法党総裁の精神的指導のもと、宗教だけでは解決できない問題に取り組み、幸福を具体化するための力になっています。

党員の機関紙
「幸福実現NEWS」

TEL 03-6441-0754
公式サイト hr-party.jp

出版メディア事業

幸福の科学出版

大川隆法総裁の仏法真理の書を中心に、ビジネス、自己啓発、小説など、さまざまなジャンルの書籍・雑誌を出版しています。他にも、映画事業、文学・学術発展のための振興事業、テレビ・ラジオ番組の提供など、幸福の科学文化を広げる事業を行っています。

TEL 03-5573-7700
公式サイト irhpress.co.jp

入会のご案内

あなたも、幸福の科学に集い、
ほんとうの幸福を
見つけてみませんか？

幸福の科学では、大川隆法総裁が説く仏法真理をもとに、
「どうすれば幸福になれるのか、また、
他の人を幸福にできるのか」を学び、実践しています。

入会

大川隆法総裁の教えを信じ、学ぼうとする方なら、どなたでも入会できます。入会された方には、『入会版「正心法語」』が授与されます。（入会の奉納は1,000円目安です）

ネットでも**入会**
できます。詳しくは、
下記URLへ。
happy-science.jp/joinus

三帰《さんき》誓願《せいがん》

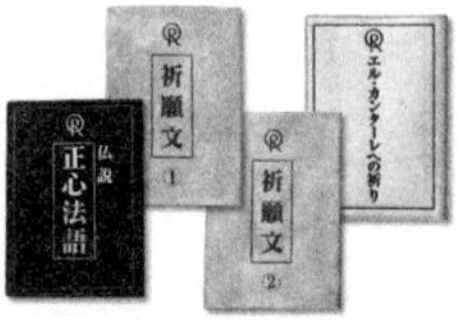

仏弟子としてさらに信仰を深めたい方は、仏・法・僧の三宝への帰依を誓う「三帰誓願式」を受けることができます。三帰誓願者には、『仏説・正心法語』『祈願文①』『祈願文②』『エル・カンターレへの祈り』が授与されます。

植福《しょくふく》の会

植福は、ユートピア建設のために、自分の富を差し出す尊い布施の行為です。布施の機会として、毎月1口1,000円からお申込みいただける、「植福の会」がございます。

「植福の会」に参加された方のうちご希望の方には、幸福の科学の小冊子（毎月1回）をお送りいたします。
詳しくは、下記の電話番号までお問い合わせください。

月刊
「幸福の科学」

ザ・伝道

ヤング・ブッダ

ヘルメス・
エンゼルズ

INFORMATION	**幸福の科学サービスセンター** **TEL. 03-5793-1727**（受付時間 火〜金：10〜20時／土・日：10〜18時） 宗教法人 幸福の科学 公式サイト **happy-science.jp**